French For Beginners

The Step-By-Step Guide to Learn French in 28 Days
(*written by a French guy*)

Raphaël Pesquet

Sommaire

About the author

Hello, my name is Raphaël Pesquet ! I was born, raised and live in France (*in a small town near Paris*). I started learning English as a second language when I was five years old, my mother encouraged me... and I absolutely loved it !

Today, I am bilingual in French and English and my passion is to teach French to people like you who want to discover the French language and culture.

Currently, I teach French online and have already helped over 250 people become fluent in French... and I don't plan to stop there ! My goal is to help more than 100'000 people discover France (*its language and culture*). In this book, I will share with you all my tips and methods to help you speak French in everyday life.

We will see real everyday conversations between French people and little stories that are easy to understand. So you can be inspired by the questions and answers when you come to France or to a French speaking country to travel. So I hope you're motivated, because you're about to dive into French culture ! Let's get started right away.

Introduction

In this book, I'm NOT going to give you a long, boring grammar lesson or even force you to memorize words and verbs. As we will see, our brains don't work that way and there are much better ways to learn French.

Before we begin, I'd like to congratulate you ! Today, you have taken action and you have made a big step towards learning French. Indeed, many people say they would like to learn a new language or discover the French language... but few of them actually take action.

So for that, I really want to congratulate you. As you will see, I put a lot of effort, time and sweat (*and many cups of coffee*) into writing this book so that you can learn French quickly, even if you are a complete beginner.

This book is completely different from other books on the same topic. In it, you won't find pages and pages of French grammar or endless lists of vocabulary to cram into your head. The goal of this book is to help you discover French and learn how to hold a conversation with a local. This way, if you travel to France or to a French-speaking country, you will be able to communicate with the locals.

Furthermore, in this book I will also share with you elements of French culture... outside of the clichés. Movies love to portray the French as a man with a mustache, a beret and a baguette under his arm, but at the risk of disappointing you, we are not exactly like that !

In general, the French are friendly and kind. And if you make the effort to speak his language, even with an English accent and a few grammatical mistakes, you will really please them and they will do everything to help you. So don't be too hard on yourself. The French language is complicated to learn because it contains many exceptions in its rules. So if a French person hears you say something wrong ? He won't judge you, don't worry.

$97.00 ~~$97.00~~ FREE BONUSES

GRAB YOUR FREE BONUSES NOW

- 7 French Short Stories You'll Want to Read
- 14 Common Mistakes In French Made By Beginners
- 21 Daily French Conversations to Learn French
- BONUS : Your Step-By-Step French Study Plan

Scan the QR code to claim your **free** bonus
Or
masterfrenchnow.com/freebonus

The best way to learn French

I have a question for you : how did you learn your native language ? Maybe you don't know exactly, or maybe you have some idea, but either way, I know one thing. You probably didn't learn it from a grammar book. And that's normal, our brain doesn't learn like that.

This book is based on a simple philosophy. I'm not going to give you long grammar sessions or force you to memorize hundreds of sentences. No, nothing like that.

In this book, I will share conversations from everyday life and little stories. This way, you'll see French words and phrases in context, which will help you learn the language without forcing yourself to memorize a long list of words. And even if you don't speak a word of French right now, you'll be able to follow this book easily.

So just before I share with you some tips and secrets to learn French faster, **I'd like to reveal the only way to learn a language**. You know scientists have worked a lot on the subject, and after years of study here is what they have concluded to learn a language, you must meet these two criteria :

- You need to understand the inputs.
- You need to maximize the number of inputs.

Let me give you a concrete example. If you don't know a single word of French, you can read hundreds of books, but you won't learn the language. So the first rule is that you must understand a minimum of what you read or listen to in a foreign language. That's why I'll give you a lot of hints in the first conversations of this book.

Then, if you understand a little bit of what you read or listen to in the foreign language, the only way to improve... is to maximize the number of inputs you receive, so you have to consume more French content. And as we will see, you can consume French content in many different ways.

The objective of this book is to give you the basics of understanding French. By the end of this guide, you will be able to have a basic conversation with a French person... and you will also have all the resources to continue to improve !

You may know this quote : "*If you give a man a fish, you feed him for a day. If you teach a man to fish, you feed him for a lifetime*". The goal of this book is to give you the basics that will allow you to be autonomous in your learning of French. And I hope you're excited, because you're about to discover a whole new way to learn French quickly and easily !

Now, I'll share with you some tips and secrets for learning French as a beginner, and then we'll look at some everyday conversations and stories to enrich your knowledge of the French language.

Tip #1 : Consistency

I always repeat this phrase to my students : "*Learning French is a marathon, not a sprint*". You know, after many years of teaching French, I have identified the commonalities between those who fail... and those who succeed ! And what is fascinating is that successful students all have ONE thing in common. Some come from rich families while others are poor, some have difficulty memorizing while others are memory geniuses... but all successful ones have this in common : they are consistent.

My students who have the best level in French are not the hardest workers. In fact, they are just normal people who practice the language for a few minutes EVERY DAY without exception. They get into the habit of studying French, it's a part of their routine. Some students work 10 minutes a day, others 30 and some even only 5 minutes a day. But the most important thing is that they are consistent in their practice.

Your first task is to schedule a time each day when you can consume French content. It doesn't matter if it's 5 or 30 minutes, the principle is that every day you should read or listen to French. And in the following tips, I will show you how to expose yourself to French simply and effortlessly. So read on carefully.

Tip #2 : A smart baby

Learning a language as a child is easy, do you remember ? You were just there, listening to your relatives talking to each other, and little by little you were learning your native language, everything happened naturally. And it's normal, babies are experts in the art of distinguishing all the sounds of a language and memorizing them. That's why we learn our native language effortlessly.

The problem ? This exceptional ability to distinguish sounds, memorize them and then reproduce them is lost over the years. So, without the right method, it is more difficult to learn and speak a foreign language correctly when we are adults. This is for example the case for the majority of English people who want to learn French and who have difficulty pronouncing the letter "R".

But good news. According to science, you can regain this ability to distinguish and memorize the sounds of a foreign language with a simple method : **listen to the sounds of a language before you even learn it**. At the beginning of this book, I shared with you a link to audio files in French and English. I invite you to take some time to listen to the different sounds of the French language. This will allow you to begin to discover the language and its sounds, so don't underestimate this step !

Also, I recommend that you listen to some French music when you go to work or while you are doing your sport. Again, the goal here is not to understand what the singer is saying, but to familiarize your brain with the French sounds. To listen to French music, I can recommend "Radio France", it's a radio that only broadcasts French songs. And here are some very popular French songs :

- La vie en rose by Edith Piaf
- Papaoutai by Stromae
- Elle Me Dit by Mika
- Champs Elysées by Joe Dassin
- Les lacs du Connemara by Michel Sardou

A small habit to get into but one that will greatly improve your pronunciation and your ability to learn French without much effort.

Tip #3 : Reframe your mind

This advice may sound a bit too *"personal development bogus"* or even ridiculous, but believe me, I'm a logical and scientific guy and I recommend this to all my students. So here's the advice : if you want to learn French, you must first believe that you can.

As you learn French, people will probably question your commitment, maybe they will ask you why you are doing this, if it is really useful or tell you that the French language is complicated to learn... don't let it discourage you !

You must get it into your head that learning French is easy and that you can do it. And it's true, every year millions of people learn French... so why not you ? You know, at first when you learn a new language you can feel overwhelmed by the immensity of things to learn... and maybe you bought this book to have a clear starting point to get started, and you did right ! So congratulate yourself and don't let the bad words discourage you, I assure you you will get there.

Tip #4 : Write to remember

A study of Japanese university students and recent graduates reveals that writing on a piece of paper helps them remember information. In fact, writing on a sheet of paper activates several parts of the brain and develops a greater cerebral activity.

That's why, throughout this book, there will be small written exercises that are really quick to do. So I know, it's often more enjoyable to passively read a book as if it were a good novel, and I know that doing a practical exercise takes effort. But I promise you it's worth it !

The exercises written in this book are quick to do, I won't make you copy the same sentence hundreds of times, don't worry about that. I really invite you to take the time to do them if you are motivated to learn French quickly.

Tip #5 : Language immersion

It is often thought that the only way to immerse yourself in a language is to travel to the country whose language you want to learn. And it's true that this is an excellent solution, but today there are new ways.
Indeed, a simple and very effective method is to follow French accounts, pages or groups on social networks. For example, you can follow French news accounts on Instagram, so you will hear a little bit of French every day and you will even discover the culture of the country ! Between us, I think this is one of the best uses we can make of social networks.

I also invite you to join groups and communities of people like you who want to learn French. As you know, we are social creatures and our surroundings shape us. You've probably heard the quote : *"You are the average of the five people you spend the most time with"* and it's totally true. So if you want to maximize your chances of learning French, surround yourself with motivated people who also want to learn French.

Also, if you join a group, I recommend that you find a partner to support each other. For example, each week you can set goals for your French learning and share them with your partner. Then, the following week, you debrief with your partner to show them that you have achieved (*or not*) your goals. This method is powerful because you don't want to fail in front of anyone, so you will do anything to succeed and save your honor !

Finding a strong partner to learn French with can really help you in your learning of French, so don't underestimate this tip. Also, if you are in a relationship or someone you know wants to learn French too, you can offer to be your partner. This is a simple way to strengthen your relationship by having a common goal.

Tip #6 : Series subtitles

A Spanish study on language learning reveals the best way to learn a language when you watch a series, a movie or a Youtube video. In fact, according to their test :

- A foreign language video with native language subtitles does not improve.
- A foreign-language video without subtitles increases your score by 7%.
- A foreign language video with foreign language subtitles increases your score by 17%.

So if you want to learn French, science recommends watching videos in French with French subtitles. And I would add that the results of this study are not surprising... Do you remember the only way to learn a language ? Here's a reminder :

- You need to understand the inputs.
- You need to maximize the number of inputs.

With French subtitles, you maximize your number of inputs because you now have a soundtrack as well as writing to read. Moreover, it is often easier to understand the written word than the spoken word, so you increase the understanding of your inputs. You see, it all makes sense !

Tip #7 : Context for learning

As you probably know, your brain is an amazing machine for learning a new language... but it works in a special way ! In fact, your brain is not good at memorizing hundreds of words from a dictionary. However, your brain is amazing at analyzing the context of a sentence and determining the meaning of a word.

If you want to learn French, then a great way is to read French. At first, you probably won't understand all the words, so your brain will deduce the meaning of unknown words. Then, over time and with input, your brain will deduce more and more precise meanings of words that were previously unknown to you. Finally, after several weeks or months, your brain will have completely integrated the new word and its meaning.

In this book, I will share conversations and stories with you... and sometimes you won't understand everything, you may have trouble with some words. And you know what ? That's okay. Keep reading, your brain is doing the work in the background. So now you know how your brain integrates new words and their meaning. So no, you don't need to take a French-English dictionary and learn the words for hours.. It's best to read articles or watch videos and let your brain do the work of understanding the context.

It is important to read a lot, but you should always make sure that you understand a minimum of what you are reading. Because if you don't understand anything, your brain won't be able to use the context to learn new words. Indeed, if the percentage of unknown words is too high, it can be difficult to understand their meaning from the context... and you don't look up the translation of each word in a dictionary, the work would be too laborious. That's why in the last part of this book I'll share with you some easy-to-understand stories to help you learn new words and integrate some grammar rules naturally.

Tip #8 : Spaced repetition

Do you know the Ebbinghaus curve ? The concept is simple : over time, you forget the information you learn. The only way to absorb the information more permanently ? It's to do what's called recall : rereading to improve information retention.

When you first start learning French, it's a good idea to do repetition at fairly short intervals. Then, once you have done several repetitions and the words and phrases are well anchored in your mind, you can space out the intervals. But in any case, you must practice French so that you don't forget it. In fact, a childhood friend of mine left France when he was 13 years old because his parents were going to live in the United States. Today, he speaks English perfectly... but has difficulty speaking French !

I recommend that you read this book several times, especially the conversations and the little stories in French. A little trick my students use is to leave this book in their toilet room and look at a few pages each time they go in ! This method may seem basic or even a little silly, but for quick reminders throughout the week, it's really effective.

Tip #9 : Do this just before bed

If you can read this book just before going to bed, then you will learn French much faster ! In fact, one of the big advantages of sleep is that it enhances your ability to learn and consolidates the information you have accumulated during the day in your brain. Sleep allows newly learned information to be transferred to the long-term memory of your brain. And once the information is in long-term memory, it becomes much harder for you to forget it... even if you want to !

So if you can, try to fit in your daily French practice a few hours or minutes before bedtime. Alternatively, if your schedule or lifestyle allows it, you can do a French training session and then go for a nap to consolidate the new information in your brain's long-term memory.

In short, this is a very simple tip that will make it easier for you to learn French... without any extra effort !

Summary

Here is a short summary of the important points to remember from this chapter :

- Our brains are not designed to learn grammar rules from a book. Instead of studying the language, you should study the content of the language. This can be stories, conversations or even videos of people speaking the language you want to learn. This is the philosophy of this book.
- The only way to learn a language, or even a skill in everyday life, is to 1) *understand and get the most out of these inputs* 2) *and maximize the number of inputs you receive.*
- The most important thing about learning a new language is consistency. It is better to practice 5 minutes every day than to work three hours a day for a month and not do anything.
- The first step to learning French is to believe in yourself. Learning a new language takes time, so you must be convinced that you can do it. Don't listen to the naysayers around you, you can do it.
- Find a partner to learn French with. By having a partner, you have someone to be accountable to, so you're less likely to give up. And you'll be able to share tips and recommendations for learning French with each other.
- To learn French while watching movies or series, studies recommend putting the lyrics in French and displaying the subtitles in French. *(https ://journals.plos.org/plosone/article ?id=10.1371/journal.pone.0158409)*
- Your brain learns and retains the definition of words by looking at the context. So learning a list of words or phrases by heart is not the best solution. The best thing to do is to read stories or listen to content in French and let your brain do the work. It takes time, but it is the only way to get a deep knowledge of the language and become bilingual.

In the next part, we will look at everyday conversations together. You will discover many words and phrases... in a useful context ! You'll see, we'll start very slowly and then the difficulty will increase little by little, but nothing is impossible. Come on, I hope you're enthusiastic, because you're about to learn the beautiful language that is French !

30 conversations from everyday life

In this part, I will introduce you to everyday conversations. First, we will have a conversation written in English with some French words in it. For example, instead of saying "What's your name ?" I will say "What's your **nom** ?" — *nom* is *name* in French), so you can easily discover your first French words in a context you already master.

Then, once you have read the first conversation in English with some French words, you have a small summary of the words you have just learned as well as their translation. This allows you to do a quick repetition to better memorize the new words you have just discovered.

Then, you will find the same conversation but written this time only in French. This way, your brain, which remembers the conversation written in English, will be able to recognize some words and phrases in the French dialogue. So you will quickly learn the dialogue in question. Moreover, as the conversations are dialogues, you will learn spoken French which is a little different from written French, but more useful if you travel in France or in a French speaking country.

Then, you will find another small summary of the important words and phrases to remember in the dialogue. And finally, you will have some small practical exercises (*quick to do*) to consolidate your knowledge and use the power of writing to better retain what you learn.

I recommend that you read a maximum of three conversations a day. That way, your brain has time to integrate the new words and phrases you discover into its long-term memory.

Conversation #1 : Introducing yourself

A big subtlety in French are the personal pronouns "Tu" and "Vous" which are both translated as "You" in English. However, the personal pronouns "Tu" and "Vous" should be used in different contexts.

The pronoun "Tu" is familiar, so you should use it with family and friends. On the other hand, the pronoun "Vous" is a mark of respect so you use it when talking to your boss, colleagues or elderly people. Using the pronoun "Tu" to someone you don't know well is considered a lack of politeness in France.

If you don't know when to use the personal pronouns "Tu" or "Vous", just remember one thing : If you can say "Hi" to the person in front of you, then you can use "Tu." If not, then you should use the personal pronoun "You".

Beginner level :

Julien : Hello, my name is Julien ! And you, what is your <u>nom</u> ?
John : Hello, my name is John.
Julian : Well nice to meet you John, I'm glad to meet you.
John : Nice to meet you too !
Julian : What <u>pays</u> are you from, John ?
John : I'm from the United States, from Texas to be precise.
Julian : Great, what do you do for a living ?
John : I'm an aeronautical <u>ingénieur</u>.
Julien : Wow, that sounds serious ! What <u>entreprise</u> ?
John : I work at Safran.
Julien : Oh I know ! I used to work there.
John : Unbelievable, and in what department ?
Julien : I was an <u>comptable</u>.
John : Good ! I have to go, nice to meet you.
Julian : Nice to meet you too, see you soon John

Vocabulary :

Nom = Name
Pays = Country
Ingénieur = Engineer
Entreprise = Company
Comptable = Accountant

Conversation in French :

Julien : Bonjour, je m'appelle Julien ! Et vous, quel est votre nom ?

John : Bonjour, je m'appelle John.

Julien : Eh bien enchanté John, je suis content de vous rencontrer.

John : Moi de même !

Julien : Vous venez de quel pays John ?

John : Je viens des États-Unis, du Texas plus précisément.

Julien : Génial, vous faites quoi comme métier ?

John : Je suis ingénieur dans l'aéronautique.

Julien : Wow, ça a l'air sérieux ! Quelle entreprise ?

John : Je travaille chez Safran.

Julien : Ah je connais ! J'y travaillais avant.

John : Incroyable, et dans quel service ?

Julien : J'étais comptable.

John : Bien ! Je dois y aller, ravi d'avoir fait votre connaissance.

Julien : Moi de même, à bientôt John

Quel est votre nom ? = What's your name ?
Je viens des États-Unis = I'm from the United States
Je travaille chez Safran. = I work at Safran.

Practical exercise : Introduce yourself

Answer the following question in French :

_____

Quel est votre nom ?

_____

Vous venez de quel pays ?

_____

Vous faites quoi comme métier ?

_____

Conversation #2 : Telling time

TIP : There are many ways to say the time in French, if you want a simple and easy way to say any time, here is what you should say as an example.

For the hour 15h45

"Il est" + Number of hours + "heures" + Number of minutes
Il est + quinze + heures + quarante-cinq
Il est quinze heures quarante-cinq
It is 3 :45 pm.

This is the simplest way to tell the time, and by telling it this way you are sure to be understood by all French people.

Beginner level :

Maxime : Excuse me, can you give me the time ?
Léon : Yes of course, let me look at my <u>montre</u>.
Maxime : Of course.
Léon : It's ten forty.
Maxime : <u>Merci</u>. And do you know when the next bus comes ?
Léon : Yes, the next bus comes in fifteen minutes. So at ten fifty-five.
Maxime : <u>Parfait</u>, thank you ! At least I'm not late.
Léon : No, you still have <u>temps</u>.
Maxime : Do you know how long the bus takes to get to Paris ?
Léon : Hmmm, I'd say about an hour and thirty minutes if everything goes well.
Maxime : Perfect, so I should arrive at 12 :15.
Léon : Yes, that's right !
Maxime : Thank you for your help.
Léon : <u>De rien</u>, have a nice day.
Maxime : You too !

Vocabulary :

Montre = Watch
Merci = Thank you
Parfait = Perfect
De rien = You're welcome
Temps = Time

Conversation in French :

Maxime : Excusez-moi, vous pouvez me donner l'heure ?
Léon : Oui bien sûr, laissez-moi regarder ma montre.
Maxime : Bien sûr.
Léon : Il est dix heures quarante.
Maxime : Merci. Et vous savez quand passe le prochain bus ?
Léon : Oui, le prochain bus passe dans un quart d'heure. Donc à dix heures cinquante-cinq.
Maxime : Parfait, merci ! Au moins je ne suis pas en retard.

Léon : Non, vous avez encore du temps devant vous.

Maxime : Vous savez combien de temps le bus met pour arriver à Paris ?

Léon : Hmmm, je dirais environ une heure et trente minutes si tout se passe bien.

Maxime : Parfait, donc je devrais arriver à midi et quart.

Léon : Oui, c'est ça !

Maxime : Merci pour votre aide.

Léon : De rien, passez une bonne journée.

Maxime : Vous aussi !

A little reminder :

Vous pouvez me donner l'heure ? = Can you give me the time ?

Le prochain bus passe dans un quart d'heure = The next bus is coming in 15 minutes

Merci pour votre aide =Thank you for your help

Practical exercise : Tell the time

Write these hours in French :

9 :05 AM

_____

11 :45 AM

_____

3 :30 PM

_____

1 :15 PM

_____

8 :00 PM

_____

Conversation #3 : Ordering at a restaurant

Beginner level :

Waiter : Welcome, do you have a reservation ?
Customer : No, is there any room left ?
Waiter : Yes of course ! How many personne do you want to sit at a table ?
Customer : We are four, thank you.
Waiter : Good, follow me, I will seat you.
Waiter : Is this table near the flowers suitable for you ?
Customer : Yes, that's fine, thank you very much !
Waiter : Please, I'll be back with the menus.
Customer : Thank you.
Waiter : Here are the menus and le plat du jour is a blanquette of veal. I'll come back as soon as you've chosen.
Customer : Thank you, I've got it.
Waiter : Have you chosen ?
Customer : Yes, we'll all have the dish of the day please.
Waiter : Good, I'll write it down. And for the boissons ?
Customer : Three Cokes and a cider, please.
Waiter : I'll get you a carafe d'eau.
Customer : Thank you.
*** *After the customers have eaten the main course* ***
Waiter : Was it good ?
Customer : Yes, it was very good !

Waiter : Would you like to order desserts ?
Customer : No, we'll go straight to the café.
Waiter : Okay, I'll bring it back to you.
Customer : Thank you.

Vocabulary :

Personne = People
Le plat du jour = The daily special
Boissons = Drinks
D'eau = Of water
Café = Coffee

Conversation in French :

Serveur : Bienvenu, vous avez réservé ?
Client : Non, il reste encore de la place ?
Serveur : Oui bien sûr ! Vous voulez une table pour combien de personnes ?
Client : Nous sommes quatre, merci.
Serveur : Parfait, suivez-moi je vais vous installer.
Serveur : Cette table près de la plante vous convient-elle ?
Client : Oui, c'est parfait, merci beaucoup !
Serveur : Je vous en prie, je reviens avec les menus.
Client : Merci.
Serveur : Voilà les menus et le plat du jour est une blanquette de veau. Je reviens dès que vous avez choisi.
Client : Merci, c'est noté.
Serveur : Vous avez choisi ?
Client : Oui, nous allons tous prendre le plat du jour s'il vous plaît.
Serveur : Parfait, je note. Et pour les boissons ?
Client : Trois coca-cola et un cidre s'il vous plaît.
Serveur : C'est noté, je vous ramène une carafe d'eau.
Client : Merci.
*** *Après que les clients ont mangé le plat principal* ***
Serveur : Ça a été ?
Client : Oui, c'était très bon !
Serveur : Vous voulez commander des desserts ?

Client : Non, nous allons directement passer au café.
Serveur : Ça marche, je vous ramène ça.
Client : Merci.

A little reminder :

Il reste encore de la place ? = Is there still room ?
Je reviens avec les menus = I'll be back with the menus
Vous voulez commander des desserts ? = You want to order desserts ?

Practical exercise : Ordering at a restaurant

Imagine you walk into a French restaurant, a waiter comes up to you and asks you these questions, write your answers in French under each question.

Bonjour, avez-vous réservé ?

_____

Vous voulez prendre une boisson ?

_____

Est-ce que vous prendrez un café ?

_____

Conversation #4 : Sports Activity

Beginner level :

Julie : Hi Mathieu, what sport are you going to do this <u>année</u> ?
Mathieu : I'm thinking of signing up for soccer.
Julie : Soccer… again ! Don't you want to change ?
Mathieu : Hmmm, what do you suggest ?
Julie : I don't know, do you prefer tennis or basketball ?
Mathieu : Tennis ? I don't really <u>aime</u> it.
Julie : And basketball ?
Mathieu : I'm too <u>petit</u> for that !
Julie : Maybe dancing then ?
Mathieu : What ? You're kidding, no way !
Julie : Well, what about badminton ?
Mathieu : Oh yes, <u>pourquoi pas</u>.
Julie : Have you ever played badminton ?
Mathieu : Yes, I've already played badminton.
Julie : Me too, so we can <u>s'inscrire</u>.
Mathieu : Yes, we'll just have to buy rackets and a shuttlecock.
Julie : Right, we'll go to the store this weekend.
Mathieu : Okay, let's do it like that.

Vocabulary :

Année = Year
Aime = Like
Petit = Small
Pourquoi pas = Why not
S'inscrire = Sign up

Conversation in French :

Julie : Salut Mathieu, tu vas faire quel sport cette année ?
Mathieu : Je pense m'inscrire au football.

Julie : Encore du foot ! Tu veux pas changer ?
Mathieu : Hmmm, tu proposes quoi ?
Julie : Je sais pas, tu préfères le tennis ou le basketball ?
Mathieu : Tennis ? Bof, j'aime pas trop.
Julie : Et le basketball ?
Mathieu : Je suis trop petit pour ça !
Julie : Peut-être la danse alors ?
Mathieu : Quoi ? Tu rigoles, non impossible !
Julie : Bon, et le badminton ?
Mathieu : Ah oui, pourquoi pas.
Julie : Tu en as déjà fait ?
Mathieu : Oui, j'ai déjà joué au badminton.
Julie : Moi aussi, donc on peut s'inscrire.
Mathieu : Oui, il faudra juste acheter des raquettes et un volant.
Julie : C'est ça, on ira au magasin ce week-end.
Mathieu : Ça marche, on fait comme ça.

A little reminder :

Tu vas faire quel sport cette année ? = What sport are you going to do this year ?
Tu en as déjà fait ? = Have you done any before ?
On ira au magasin ce week-end = We'll go to the store this weekend

Practical exercise : Sports activity

Answer the following questions in French :

Quel sport faites-vous ?

_____

Vous avez déjà joué au badminton ?

_____

Vous préférez le basketball ou le tennis ?

_____

Conversation #5 : Shopping for groceries

Supermarkets in France offer a lot of different products. I have traveled to some countries where the choice of food was quite limited, in France it is far from being the case. You have a lot of choices !

Besides, shopping on the Internet and then picking up your groceries in the store is becoming more and more common, and it saves you time. Moreover, there are often discounts when you order online. So if you want to save time while saving a few euros, you can go online to order your groceries.

Beginner level :

Véronique : Justin, I'm going shopping, do you want anything ?
Justin : Maybe, what are you going to get again ?
Véronique : I'll have <u>carottes</u>, rice and <u>poulet</u>.
Justin : Great ! Could you buy some Coke ?
Véronique : More Coke ? That's gonna be a lot.
Justin : Please, Mom !
Véronique : Ok, but I'll take some <u>légumes</u> too.
Justin : We can have <u>épinard</u> or zucchini.
Véronique : Yes, I think I'll have zucchini for a change.
Justin : That's fine with me, we can add some cream to it.
Véronique : That's a good idea, I'll put it on the shopping list !
Justin : Oh, and we're going to miss some <u>papier toilette</u> too.
Véronique : Oh yes, I had forgotten ! Thanks for the reminder, I'll write it down.

Véronique : I'm leaving now, I'll be back in about an hour.
Justin : All right, see you later.

Vocabulary :

Carotte = Carrots
Poulet = Chicken
Légumes = Vegetables
Épinard = Spinach
Papier toilette = Toilet paper

Conversation in French :

Véronique : Justin, je vais faire les courses, tu veux quelque chose ?
Justin : Peut-être, tu vas prendre quoi déjà ?
Véronique : Je vais prendre des carottes, du riz et du poulet.
Justin : Top ! Tu pourrais acheter du coca ?
Véronique : Encore du coca ? Ça va faire beaucoup.
Justin : Allez s'il te plaît maman !
Véronique : D'accord, mais je prends aussi des légumes.
Justin : On peut prendre des épinards ou des courgettes.
Véronique : Oui, je pense prendre des courgettes pour changer.
Justin : Ça me va, on pourra y ajouter de la crème.
Véronique : C'est une bonne idée, je rajoute ça sur la liste de course !
Justin : Ah, et il va nous manquer du papier toilette aussi.
Véronique : Oh oui, j'avais oublié ! Merci du rappel, je note ça.
Véronique : Allez, je pars maintenant, j'en ai pour une heure environ.
Justin : Ça marche, à tout à l'heure.

A little reminder

Tu veux quelque chose ? = Do you want something ?
Tu pourrais acheter du coca ? = Could you buy a coke ?
J'en ai pour une heure environ = I'll be back in about an hour

Practical exercise : Shopping for groceries

The next time you go shopping, write down your list in English first, then find the translation of each item on your shopping list. Then, on your list, handwrite the French words next to their English equivalent.

Conversation #6 : Pet

Beginner level :

Marie : Hi Arnaud, are you walking your <u>chien</u> ?
Arnaud : Yes, his name is Roy.
Marie : Oh, he's so cute !
Arnaud : Yes, but he loves to scratch the <u>canapé</u>.
Marie : Really ? What breed is he ?
Arnaud : A German Shepherd. And you, do you have a pet, Marie ?
Marie : Yes, I have two cats and a turtle.
Arnaud : A turtle ? That's original !
Marie : Not so much, I know a <u>ami</u> who has a mouse as a pet.
Arnaud : Wow, that's a bit weird.
Marie : Yeah, maybe !
Marie : Personally, I would like to have a French bulldog later on.
Arnaud : Is it the little dogs with the squashed head ?
Marie : Yes, I think they are so <u>mignon</u>.
Arnaud : How old do they live ?
Marie : Between 10 and 14 years old.
Arnaud : Call me when you get him, we can walk our dogs together.
Marie : That's a good <u>idée</u> !
Arnaud : See you later, Marie.
Marie : See you later, Arnaud.

Vocabulary :

Chien = Dog

Canapé = Sofa
Ami = Friend
Mignon = Cute
Idée = Idea

Conversation in French :

Marie : Bonjour Arnaud, tu promènes ton chien ?
Arnaud : Oui, il s'appelle Roy.
Marie : Oh, il est trop mignon !
Arnaud : Oui, par contre il adore griffer le canapé.
Marie : Ah bon ? C'est quelle race ?
Arnaud : Un berger allemand. Et toi, tu as un animal de compagnie Marie ?
Marie : Oui, j'ai actuellement deux chats et une tortue.
Arnaud : Une tortue ? C'est original ça !
Marie : Pas tant que ça, je connais un ami qui a une souris comme animal de compagnie.
Arnaud : Wow ! Un peu bizarre je trouve.
Marie : Oui peut-être.
Marie : Personnellement, j'aimerais avoir un bouledogue français plus tard.
Arnaud : C'est les petits chiens avec la tête écrasée ?
Marie : Oui c'est ça, je les trouve trop mignons.
Arnaud : Ils vivent jusqu'à quel âge environ ?
Marie : Entre 10 et 14 ans.
Arnaud : Tu m'appelleras quand tu l'auras, on pourra promener nos chiens ensemble.
Marie : C'est une bonne idée !
Arnaud : Allez, à plus Marie.
Marie : À plus Arnaud.

A little reminder :

Tu as un animal de compagnie Marie ? = Do you have a pet Marie ?
Ils vivent jusqu'à quel âge environ ? = How old do they live ?
À plus Arnaud = See you later Arnaud

Practical exercise : Pet

Answer the following questions in French :

_____

Tu as un animal de compagnie ?

_____

Les chiens vivent jusqu'à quel âge environ ?

_____

Vous préférez les chats ou les chiens ?

_____

Conversation #7 : Family

Beginner level :

Paul : My mom wants me to help my little brother with his <u>devoir</u>.
Margot : Really ? I didn't know you had a <u>petit frère</u>.
Paul : I do. He's seven years old and his name is Benjamin.
Margot : And you have an older sister, I believe ?
Paul : Yes, I do. Do you have any brothers or <u>sœurs</u> ?
Margot : Yes, I have two older brothers.
Paul : And do you get along with them ?
Margot : Yes, I do ! But I have more fun with my cousin.
Paul : She's the same age as you ?
Margot : Yes, about 22. Do you get along with your parents ?
Paul : Yes, my <u>mère</u> is pretty nice, but I don't see my <u>père</u> very often.
Margot : That's a shame. We often go out on weekends with our family.

Vocabulary :

Devoir = Homework

Petit frère = Little brother
Sœurs = Sisters
Mère = Mother
Père = Father

Conversation in French :

Paul : Ma mère veut que j'aide mon petit frère à faire ses devoirs.
Margot : Ah bon ? Je ne savais pas que tu avais un petit frère.
Paul : Si, il a sept ans et il s'appelle Benjamin.
Margot : Et tu as une grande sœur il me semble ?
Paul : Oui, c'est ça. Et toi, tu as des frères ou des sœurs ?
Margot : Oui, j'ai deux grands frères.
Paul : Et tu t'entends bien avec eux ?
Margot : Oui ça va ! Mais je m'amuse davantage avec ma cousine.
Paul : Elle a le même âge que toi ?
Margot : Oui, à peu près 22 ans. Et toi tu t'entends bien avec tes parents ?
Paul : Oui, ma mère est plutôt sympa, mais je ne vois pas souvent mon père.
Margot : Ah c'est dommage. Nous on sort souvent le week-end en famille.

A little reminder :

Il s'appelle Benjamin = His name is Benjamin
Oui, j'ai deux grands frères = Yes, I have two older brothers
On sort souvent le week-end en famille = We often go out on weekends with our family

Practical exercise : Family

Answer the following question in French :

Tu as une grande sœur ?

Tu as un grand frère ?

_____

Comment s'appelle ta mère ?

_____

Conversation #8 : At the hotel

Beginner level :

Hotel reception : Hello, have you reserved a room ?
Customer : Yes !
Hotel Reception : What name did you book under ?
Customer : In the name of Mr. Dujardin.
Hotel reception : Let me look for... yes, found ! You have chambre 312.
Customer : Perfect. Is there a salle de sport in the hotel ?
Hotel reception : Yes, you will find it on the second étage. And here are your keys.
Customer : Thank you, have a nice day.
Hotel reception : And I wish you a pleasant stay in our hotel.
*** a few hours later ***
Customer : Good evening, I just saw that I had no hot water.
Hotel reception : Oh really, what is your room number sir ?
Customer : I have room 312.
Hotel reception : Ok, we will send quelqu'un. We can change your room if you wish.
Customer : Yes, please, I would like to.
Hotel reception : I'm looking at the available rooms... 313 next door is free, would that be okay ?
Customer : Yes, thank you very much !
Hotel reception : Here are the clefs. If you have any other problems I am here.

Vocabulary :

Chambre = Room

Salle de sport = Gym
Étage = Floor
Quelqu'un = Someone
Clefs = Keys

Conversation in French :

Accueil de l'hôtel : Bonjour, vous avez réservé une chambre ?
Client : Oui !
Accueil de l'hôtel : À quel nom avez-vous réservé ?
Client : Au nom de Monsieur Dujardin.
Accueil de l'hôtel : Laissez-moi chercher… oui, trouvé ! Vous avez la chambre 312.
Client : Parfait. Il y a une salle de sport dans l'hôtel ?
Accueil de l'hôtel : Oui, vous la trouverez au premier étage. Et voici vos clefs.
Client : Merci, je vous souhaite une bonne journée.
Accueil de l'hôtel : Et moi un bon séjour dans notre hôtel.
*** *quelques heures plus tard* ***
Client : Bonsoir, je viens de voir que je n'avais pas d'eau chaude.
Accueil de l'hôtel : Ah bon, quel est le numéro de votre chambre monsieur ?
Client : J'ai la chambre 312.
Accueil de l'hôtel : D'accord, nous allons envoyer quelqu'un. Nous pouvons vous faire changer de chambre si vous le souhaitez.
Client : Oui, je veux bien s'il vous plaît.
Accueil de l'hôtel : Je regarde les chambres de disponibles… la 313 juste à côté est libre, cela vous irait ?
Client : Oui, merci beaucoup !
Accueil de l'hôtel : Voici les clefs. Si vous avez un autre problème je suis là.

A little reminder :

Vous avez réservé une chambre ? = Have you booked a room ?
Il y a une salle de sport dans l'hôtel ? = Is there a gym in the hotel ?
J'ai la chambre 312 = I have room 312

Practical exercise : At the hotel

Imagine you walk into a French hotel, the person at the front desk asks you these questions, write your answers in French under each question.

Bonjour, vous avez réservé une chambre ?

_____

À quel nom avez-vous réservé ?

_____

Voulez-vous changer de chambre ?

_____

Conversation #9 : Visit to the doctor

If you travel in France : To find a doctor, a dentist or a health professional, I invite you to consult the reference site in the field : doctolib.fr.

This site allows you to easily book an appointment with any health professional for free ! You can even choose a professional who speaks your language.

Moreover, most of the care in France is free... even for tourists ! My mother is a nurse and an American couple came to her hospital *(in France)*, and they refused to be treated because they were afraid to pay too much. My mother had to explain to them that the care would be taken care of by the State and that they would not have to pay exorbitant amounts.

Beginner level :

Assistant : Hello sir, how can I help you ?
Patient : I have an rendez-vous with Dr. Raphaël at ten o'clock,

my name is Dujardin.

Assistant : Yes, it's okay, I see your name on the schedule. The doctor may be a few minutes <u>en retard</u>, I invite you to take a seat in the waiting room.

Patient : Thank you.

*** *a few minutes later* ***

Doctor : Hello Monsieur Dujardin, please follow me.

Patient : Good.

Doctor : Well, Monsieur Dujardin, what brings you here ?

Patient : I haven't been feeling well for a few days.

Doctor : Do you have a <u>mal de tête</u> or a stomach ache ? There is a lot of flu right now.

Patient : I've had a headache for three days now.

Doctor : Do you have <u>fièvre</u> ?

Patient : I don't think so.

Doctor : Come on, let's take a look.

Doctor : Yes, you have a little bit of fever. I'll write you a prescription.

Patient : Alright.

Doctor : Here is your prescription, the <u>pharmacie</u> is 5 minutes away.

Patient : Thank you doctor, have a nice day

Vocabulary :

Rendez-vous = Appointment
En retard = Late
Mal de tête = Headache
Fièvre = Fever
Pharmacie = Pharmacy

Conversation in French :

Assistant : Bonjour Monsieur, comment puis-je vous aider ?

Patient : J'ai rendez-vous avec le docteur Raphaël à dix heures, mon nom est Dujardin.

Assistant : Oui, c'est bon je vois votre nom sur le planning. Le docteur aura peut-être quelques minutes de retard, je vous invite à vous installer en salle d'attente.

Patient : Merci.

*** *quelques minutes plus tard* ***

Docteur : Bonjour Monsieur Dujardin, veuillez me suivre.

Patient : Bien.

Docteur : Bon, Monsieur Dujardin, qu'est ce qui vous amène ?

Patient : Je ne me sens pas bien depuis quelques jours.

Docteur : Vous avez mal à la tête ou au ventre ? Beaucoup de grippes en ce moment.

Patient : J'ai des maux de tête depuis trois jours maintenant.

Docteur : Vous avez de la fièvre ?

Patient : Je ne pense pas.

Docteur : Venez, nous allons voir ça.

Docteur : Oui, vous avez un peu de fièvre. Je vais vous faire une ordonnance.

Patient : D'accord ça marche.

Docteur : Voilà votre ordonnance, la pharmacie est à 5 minutes.

Patient : Merci docteur, bonne journée

A little reminder :

Comment puis-je vous aider ? = How can I help you ?

Vous avez mal à la tête ? Do you have a headache ?

Je vais vous faire une ordonnance = I'll write you a prescription

Practical exercise : Visit to the doctor

Imagine that you go to a French doctor, invent a fictitious situation and write your answers in French under each question.

Bonjour Monsieur, comment puis-je vous aider ?

_____

Vous avez mal à la tête ?

_____

Savez-vous où est la pharmacie ?

_____

Conversation #10 : A movie at the cinema

Si vous voulez voir des films en version originale en France, il faut aller au cinéma dès la sortie du film car seulement quelques semaines voire jours après la sortie, le film passe uniquement en voix françaises.

Beginner level :

Lisa : Mom tonight Killian invites me to watch a <u>film</u> ! I won't eat here.
Lisa's mother : Ok, don't come back too late.
Lisa : Yes mom ! Killian waits for me in front of the <u>voiture</u>. I go.
Killian : Hi Lisa, you can come up.
Lisa : Hi Killian, how are you ?
Killian : I'm fine and you ?
Lisa : I'm fine, thanks. What movie do you want to see <u>ce soir</u> ?
Killian : Would you like to see a horror movie ?
Lisa : Oh, no, I don't really like them, they give me <u>cauchemars</u>.
Killian : An action movie then ?
Lisa : Yeah, we can do that.
*** *They're coming to the movies* ***
Killian : I'm going to get some popcorn, do you want anything ?
Lisa : Yes, I'll have a canette of coke please.
Killian : Okay, I'll let you get the tickets for the movie while we wait.
Lisa : Okay, I'll meet you in, I'll let you know.

Vocabulary :

Film = Movie
Voiture = Car
Ce soir = Tonight
Cauchemars = Nightmares
Canette = Can

Conversation in French :

Lisa : Maman ce soir Killian m'invite au cinéma ! Je ne mangerai pas ici.

Mère de Lisa : Ça marche, ne rentre pas trop tard.

Lisa : Oui maman ! Killian m'attend devant en voiture. Je file.

Killian : Salut Lisa, tu peux monter.

Lisa : Salut Killian, tu vas bien ?

Killian : Parfait et toi ?

Lisa : Je vais bien, merci. Tu veux aller voir quoi comme film ce soir ?

Killian : Un film d'horreur ça t'irait ?

Lisa : Oh, non je n'aime pas trop… après je fais des cauchemars.

Killian : Un film d'action alors ?

Lisa : Oui, on peut faire ça.

*** *Ils arrivent au cinéma* ***

Killian : Je vais prendre des pop-corn, tu veux quelque chose ?

Lisa : Oui, je veux bien une canette de coca s'il te plaît.

Killian : Ça marche, je te laisse prendre les billets pour le film en attendant.

Lisa : D'accord, on se retrouve dans la salle, je te ferai signe.

A little reminder :

Je ne mangerai pas ici = I won't eat here

Tu veux aller voir quoi comme film ce soir ? = What movie do you want to see tonight ?

Tu veux quelque chose ? = Do you want something ?

Practical exercise : A movie at the cinema

Imagine that you want to go see a movie in a French cinema, invent a fictitious situation and write your answers in French under each question.

Tu veux aller voir quoi comme film ce soir ?

_____

Je vais prendre des pop-corn, tu veux quelque chose ?

_____

Vous préférez un film d'horreur ou d'action ?

_____

Conversation #11 : Music

A good tip to learn French and improve your pronunciation is to listen to French songs. You don't need to understand all the lyrics, just let the music play in the background, your brain will start to integrate sounds and some words. If you want to listen to French songs, I recommend France Radio which offers free songs with French lyrics.

Beginner level :

Léa : Etienne, what kind of <u>musiques</u> do you like ?
Etienne : I like classical music a lot, but I also like jazz and you ?
Léa : I'm a rock <u>fan</u>.
Etienne : Oh, and have you ever been to a concert ?
Léa : Yes, several times. And you, who is your favorite <u>chanteur</u> ?
Etienne : I really like the French singer Jacques Brel.
Léa : And what is your favorite <u>chanson</u> by him ?
Etienne : I would say "Ne me quitte pas".
Léa : And otherwise, do you play an instrument ?
Etienne : Yes, piano and you ?
Léa : Guitar for seven years now.
Etienne : Impressive ! Do you have a favorite song ?
Léa : Not really, I play whatever comes to mind.
Etienne : We should play <u>ensemble</u> once.
Léa : That's a good idea !

Vocabulary :

Musiques = Musics
Fan = addict

Chanteur = Singer
Chanson = Song
Ensemble = Together

Conversation in French :

Léa : Etienne, vous aimez quel type de musique ?
Etienne : J'aime beaucoup la musique classique, mais j'aime aussi le jazz et vous ?
Léa : Je suis une passionnée de rock.
Etienne : Oh, et vous êtes déjà allé à un concert ?
Léa : Oui plusieurs fois. Et vous, quel est votre chanteur préféré ?
Etienne : J'aime beaucoup le chanteur français Jacques Brel.
Léa : Et quelle est votre chanson préférée de lui ?
Etienne : Je dirais "Ne me quitte pas"
Léa : Et sinon, vous jouez d'un instrument ?
Etienne : Oui du piano et vous ?
Léa : De la guitare depuis maintenant sept ans.
Etienne : Impressionnant ! Vous avez un morceau favori ?
Léa : Pas vraiment, je joue ce qui me passe par la tête.
Etienne : Il faudrait qu'on joue ensemble un de ces quatres.
Léa : C'est une bonne idée !

A little reminder :

Vous aimez quel type de musique ? = What kind of music do you like ?
Quelle est votre chanson préférée ? = What is your favorite song ?
Je joue de la guitare = I play the guitar

Practical exercise : Music

Answer the following questions in French :

Vous aimez quel type de musique ?

_____

Vous êtes déjà allé à un concert ?

Conversation #12 : Visiting an apartment

Beginner level :

Landlord : Hello, you are fine, I am the owner of the <u>appartement</u>.
Visitor : Hello, yes I'm fine ! How are you ?
Landlord : I'm fine thank you. Where are you from ?
Visitor : I am from Bordeaux.
Landlord : Okay, you can follow me, the apartment is upstairs.
Visitor : Okay, I'll follow you.
Landlord : So this is the front door, it's solid.
Landlord : And this is the entrance, you can see that the <u>peinture</u> has been redone.
Visitor : Yes, the entrance is very nice !
Landlord : Here you have the <u>cuisine,</u> the cooking plates are electric.
Visitor : Good, and you have a dishwasher ?
Landlord : Yes, right here.
Visitor : Perfect.
Landlord : Come on, I'll give you a tour of the floor.
Visitor : Wow, it's really big.
Landlord : Yes, and the <u>voisinage</u> is quiet.
Visitor : How much is the <u>loyer</u> ?
Landlord : 780€ per month.
Visitor : Are the charges like electricity and water included ?
Landlord : Yes, 780€ all charges included.
Visitor : Great, I'll talk to my wife about it and come back to you.
Landlord : Okay, when would you like to move in ?
Visitor : Early next year if possible.
Landlord : All right !

Vocabulary :

Appartement = Apartment
Peinture = Paint
Cuisine = Kitchen
Voisinage = Neighborhood
Loyer = Rent

Conversation in French :

Propriétaire : Bonjour, vous allez bien, je suis le propriétaire du bien.
Visiteur : Bonjour, oui je vais bien ! Et vous ?
Propriétaire : Je vais bien merci. Vous venez de quel coin ?
Visiteur : Je suis de Bordeaux.
Propriétaire : D'accord, vous pouvez me suivre, l'appartement est à l'étage.
Visiteur : D'accord, je vous suis.
Propriétaire : Donc voici la porte d'entrée, c'est du solide.
Propriétaire : Et voici l'entrée, vous pouvez voir que la peinture a été refaite.
Visiteur : Oui, l'entrée est très jolie !
Propriétaire : Ici vous avez la cuisine, les plaques de cuisson sont électriques.
Visiteur : Bien, et vous avez un lave-vaisselle ?
Propriétaire : Oui juste ici.
Visiteur : Parfait.
Propriétaire : Venez, je vais vous faire visiter l'étage.
Visiteur : Wow, c'est vraiment grand.
Propriétaire : Oui, en plus le voisinage est silencieux.
Visiteur : De combien est le loyer ?
Propriétaire : 780€ par mois.
Visiteur : Les charges comme l'électricité et l'eau sont comprises ?
Propriétaire : Oui, 780€ toutes charges comprises.
Visiteur : Super, je vais en parler à ma femme et je reviens vers vous.
Propriétaire : D'accord, vous voudriez emménager à quelle date ?

Visiteur : En début d'année prochaine si possible.
Propriétaire : Ça marche !

A little reminder :

Vous venez de quel coin ? = Where are you from ?
Le voisinage est silencieux = The neighborhood is quiet.
De combien est le loyer ? =How much is the rent ?

Practical exercise : Visiting an apartment

Imagine that you are visiting an apartment in Paris, invent a fictitious situation and write your answers in French under each question.

Vous venez de quel coin ?

_____

De combien est le loyer ?

_____

Vous voudriez emménager à quelle date ?

_____

Conversation #13 : Taking the plane

Beginner level :

Airport agent : Hello, could I see your <u>billet</u> please ?
Traveler : Yes of course, here it is.
Airport agent : That's okay, you can put your <u>suitcase</u> on the carpet.
Traveler : Alright.
Airport Agent : Is your suitcase over 50 pounds ?
Traveler : No, it's only 13 kilos.
Airport Agent : Okay, do you have a carry-on ?
Traveler : Yes, I have a small <u>sac à dos</u>.
Airport Agent : Okay, I'll write it down.

Airport Agent : You need to go to Gate B5 for <u>embarquement</u>.

Traveler : Great, thank you !

Airport Agent : Thank you and have a nice <u>voyage</u> with our company.

Vocabulary :

Billet = Ticket
Valise = suitcase
Sac à dos = Backpack
Embarquement = Boarding
Voyage = Trip

Conversation in French :

Agent de l'aéroport : Bonjour, je pourrais voir votre billet s'il vous plaît ?
Voyageur : Oui bien sûr, le voici.
Agent de l'aéroport : C'est bon, vous pouvez poser votre valise sur le tapis.
Voyageur : Ça marche.
Agent de l'aéroport : Est-ce que votre valise fait plus de quinze kilos ?
Voyageur : Non, elle fait seulement treize kilos.
Agent de l'aéroport : Ok, vous avez un bagage en cabine ?
Voyageur : Oui, j'ai un petit sac à dos.
Agent de l'aéroport : Parfait, je le note.
Agent de l'aéroport : Vous devez vous rendre à la porte B5 pour l'embarquement.
Voyageur : Super, merci !
Agent de l'aéroport : Merci à vous et bon voyage avec notre compagnie.

A little reminder :

Je pourrais voir votre ticket s'il vous plaît ? = Could I see your ticket please ?
J'ai un petit sac à dos = I have a small backpack
Merci à vous et bon voyage = Thank you and have a nice trip

Practical exercise : Taking the plane

Imagine that you are flying in a French airport and a woman at the desk asks you some questions. Make up a fictional situation and write your answers in French under each question.

Je pourrais voir votre ticket s'il vous plaît ?

_____

Est-ce que votre valise fait plus de quinze kilos ?

_____

Vous avez un bagage en cabine ?

_____

Conversation #14 : Taking a cab

Beginner level :

Passenger : Hello, can you take us to this address ?
Driver : Yes, <u>bien sûr</u>.
Passenger : How much will it cost us ?
Driver : About <u>trente-cinq</u> euros on the traffic.
Passenger : Okay, can we put our suitcases in the <u>coffre</u> ?
Driver : Yes, I'll open it for you.
Passenger : Thank you.
Driver : Where are you from ?
Passenger : We are American, this is our <u>premier</u> trip to France.
Driver : Welcome then !
Passenger : Thank you.
Driver : Here we are. The meter shows 36,50€.
Passenger : Can I pay by credit card ?
Driver : Yes, of course, right here.
Driver : Thank you, enjoy your <u>séjour</u> in France !

Vocabulary :

Bien sûr = Of course
Trente-cinq = Thirty-five
Coffre = Trunk
Premier = Trip
Séjour = Stay

Conversation in French :

Passager : Bonjour, vous pouvez nous amener à cette adresse ?
Chauffeur : Oui, bien sûr.
Passager : Combien cela va nous coûter ?
Chauffeur : Environ trente-cinq euros sur la circulation.
Passager : D'accord, nous pouvons mettre nos valises dans le coffre ?
Chauffeur : Oui, je vais vous ouvrir.
Passager : Merci.
Chauffeur : Vous venez d'où ?
Passager : Nous sommes américains, c'est notre premier voyage en France.
Chauffeur : Bienvenu alors !
Passager : Merci
Chauffeur : Et voilà, nous sommes arrivés. Le compteur affiche 36,50€.
Passager : Je peux payer par carte de crédit ?
Chauffeur : Oui bien sûr, juste ici.
Chauffeur : Merci à vous, bon séjour en France !

A little reminder :

Vous pouvez nous amener à cette adresse ? = Can you take us to this address ?
Combien cela va nous coûter ? = How much will it cost ?
Vous venez d'où ? = Where are you from ?

Practical exercise : Taking a cab

Translate these three questions into French :

Can you take us to this address ?

_____

How much does the trip cost ?

_____

How long does the trip take ?

_____

Conversation #15 : Taking the train

In France, there are several types of trains. I will introduce you to some of them.

The RER - The network of trains around Paris
The Ouigo - The cheap train network for the big cities of France.
The TGV - The high speed train for long trips

In summary : To get around the capital you will probably take the metro for short trips and the RER for longer ones. If you want to visit several big cities in France, I recommend you to take a OuiGo. If you plan in advance, you can get tickets at very good prices.

Beginner level :

Traveler : Hello, I would like to take 2 tickets to Paris.
Agent : Do you want a one-way or a <u>aller-retour</u> ?
Traveler : One way please.
Agent : Fine, I'll print the tickets. That will be eight euros please.
Agent : How do you pay ?
Traveler : Do you take liquide ?
Agent : Yes, of course.
Traveler : Here is a ten-euro <u>billet</u>.

Agent : I'll give you <u>monnaie</u>, so two euros, here you go.
Traveler : What time does the train arrive ?
Agent : In about twenty minutes, you have time to have a coffee if you wish.
Passenger : Thank you, yes I'll see what's at the coffee machine.
Agent : Have a good <u>voyage</u>.
Traveler : Thank you. Have a nice day.

Vocabulary :

Aller-retour = Round trip
Liquide = Cash
Billet = Bill
Monnaie = Change
Voyage = Trip

Conversation in French :

Voyageur : Bonjour, j'aimerais vous prendre 2 billets pour Paris.
Agent : Vous voulez un aller simple ou un aller-retour ?
Voyageur : Un simple aller s'il vous plaît.
Agent : Parfait, j'imprime les billets. Cela vous fera huit euros s'il vous plaît.
Agent : Vous payez comment ?
Voyageur : Vous prenez le liquide ?
Agent : Oui bien sûr.
Voyageur : Voici un billet de dix euros.
Agent : Je vous rends la monnaie, donc deux euros, voilà.
Voyageur : À quelle heure arrive le train ?
Agent : Dans environ vingt minutes, vous avez le temps de prendre un café si vous le souhaitez.
Voyageur : Merci, oui je vais voir ce qu'il y a à la machine à café.
Agent : Je vous souhaite un bon voyage.
Voyageur : Merci. Bonne journée

A little reminder :

Vous voulez un aller simple ou un aller-retour ? = Do you want a

one way or a round trip ?
Un simple aller s'il vous plaît = One way please
À quelle heure arrive le train ? = What time does the train arrive ?

Practical exercise : Taking the train

Imagine you are taking a train in France, and a woman at the ticket office asks you some questions. Make up a fictional situation and write your answers in French under each question.

Vous voulez combien de billets ?

_____

Vous voule_____
z un aller simple ou un aller-retour ?

Vous payez comment ?

_____

Conversation #16 : Waking up

Beginner level :

Mother : Come on, we have to wake up here ! I open the curtains and the <u>fenêtre</u> to air out.
Son : Give me some time, Mom. I was up late last <u>nuit</u>.
Mother : Have you been playing <u>jeux vidéo</u> until late again ?
Son : No, well...
Mother : Anyway. It's already eleven o'clock, you have to get ready. We're going to the restaurant this afternoon.
Son : To the restaurant ? Great ! I'm getting up now.
Mother : Well, don't eat <u>petit-déjeuner</u>, you won't be hungry anymore.
Son : Okay, I'll go and wash up.
Mother : Okay, and don't forget to get dressed, there will be a surprise <u>invité</u> for lunch.
Son : Really ? Who is it ?

Mother : You'll see, go and get ready.
Son : Okay.

Vocabulary :

Fenêtre = Window
Nuit = Night
Jeux vidéo = Video games
Petit-déjeuner = Breakfast
Invité = Guest

Conversation in French :

Mère : Allez, il faut se réveiller ici ! J'ouvre les rideaux et la fenêtre pour aérer.
Fils : Laisse-moi un peu de temps maman. Je me suis couché tard hier.
Mère : Tu as encore joué aux jeux vidéo jusqu'à pas d'heure ?
Fils : Non, enfin…
Mère : Bref. Il est déjà onze heures, tu dois te préparer. Nous allons au restaurant ce midi.
Fils : Au restaurant ? Super ! Allez je me lève.
Mère : Bien, ne prends pas de petit-déjeuner, tu n'auras plus faim.
Fils : Ça marche, je vais aller faire ma toilette.
Mère : D'accord, et n'oublie pas de bien t'habiller, il y a aura un invité surprise ce midi.
Fils : Ah bon ? C'est qui ?
Mère : Tu verras bien, allez va te préparer.
Fils : Ça marche.

A little reminder :

Je me suis couché tard hier = I went to bed late yesterday
Il est déjà onze heures, tu dois te préparer = It's already eleven o'clock, you have to get ready
Nous allons au restaurant ce midi = We're going to the restaurant at noon

Conversation #17 : Choosing a meal

Beginner level :

Mother : Hi Julie, what do you want to eat tonight ?
Daughter : I don't know, what do you suggest ?
Mother : We can have vegetables with a little <u>poulet</u>.
Daughter : I don't really like chicken.
Mother : Really ? I thought you loved it.
Daughter : Yes, but last time it wasn't very <u>bon</u>.
Mother : Okay, let's do something else then.
Daughter : How about pizza ?
Mother : Oh no, we've already had pizza twice this <u>semaine</u>. We need to eat something healthy and balanced.
Daughter : Can we have a salad of fruits for dessert ?
Mother : Yes, that's a good idea, I'll put it on the liste de course.
Daughter : And for the main course, how about a pork roast ?
Mother : I can do that, but I'll add some vegetables.
Daughter : Carrots ?
Mother : Yes, I can do the <u>rôti de porc</u> with carrots.
Daughter : That's fine with me !
Mother : Well, I'll go shopping. You can help me put the groceries away.
Daughter : Yes, no problem.
Mother : Thank you.

Vocabulary :

Poulet = Chicken
Bon = Good
Semaine = Week
Liste de course = Shopping list
Rôti de porc = Pork roast

Conversation in French :

Mère : Salut Julie, tu veux manger quoi ce soir ?

Fille : Aucune idée, tu proposes quoi ?
Mère : On peut prendre des légumes avec un peu de poulet.
Fille : Je n'aime pas trop le poulet.
Mère : Ah bon ? Je pensais que tu adorais.
Fille : Oui, mais la dernière fois il n'était pas très bon.
Mère : D'accord, on fait autre chose alors.
Fille : Et pourquoi pas une pizza ?
Mère : Oh non, on a déjà mangé deux fois de la pizza cette semaine. Il faut manger quelque chose de sain et équilibré.
Fille : On pourrait se faire une salade de fruits en dessert ?
Mère : Oui, c'est une bonne idée, je note sur la liste de course.
Fille : Et en plat, pourquoi pas un rôti de porc.
Mère : Je peux faire ça, mais je rajoute des légumes.
Fille : Des carottes ?
Mère : Oui, je peux faire le rôti de porc avec des carottes.
Fille : Ça me va !
Mère : Bien, je vais faire les courses. Tu m'aideras à ranger les courses.
Fille : Oui, pas de problème.
Mère : Merci

A little reminder :

Tu veux manger quoi ce soir ? = What do you want to eat tonight
Je n'aime pas le poulet = I don't like chicken
Tu m'aideras à ranger les courses = You'll help me put away the groceries

Conversation #18 : Talking About the Weather

Beginner level :

Anthony : Wow, it's really cold today.
Jonathan : Yeah, I even put on a <u>écharpe</u>.
Antoine : It got cold fast. A week ago it was still sunny.
Jonathan : Yes, that's true. And now it's time to put on down

vestes.

Antoine : Do you think it will rain today ?

Jonathan : I don't think so, the weatherman just said it would be windy.

Antoine : At least we won't get soaked !

Jonathan : However, the weather forecast also predicted neige in the evening.

Anthony : Oh, that's great !

Jonathan : I'll calm you down right away, it'll just be a few flocons.

Antoine : So it's not enough to make a great bonhomme de neige ?

Jonathan : No, there probably won't be enough snow for that.

Antoine : Too bad.

Jonathan : But don't worry, the coming winter will bring plenty of snow.

Anthony : Great.

Vocabulary :

Écharpe = Scarf
Vestes = Jackets
Neige = Snow
Flocons = Flakes
Bonhomme de neige = Snowman

Conversation in French :

Antoine : Wow ! Il fait super froid aujourd'hui.

Jonathan : Oui, j'ai même mis une écharpe.

Antoine : Ça s'est refroidi vite. Il y a une semaine il faisait encore beau.

Jonathan : Oui, c'est vrai. Et maintenant il faut mettre les vestes.

Antoine : Tu penses qu'il va pleuvoir aujourd'hui ?

Jonathan : Je ne crois pas, la météo a juste prévu du vent.

Antoine : Au moins on ne sera pas trempé !

Jonathan : Par contre, la météo a aussi prévu de la neige dans la soirée.

Antoine : Oh trop bien !

Jonathan : Je te calme tout de suite, ça sera juste quelques flocons.

Antoine : Donc pas de quoi faire un super bonhomme de neige ?

Jonathan : Non, il n'y aura sûrement pas assez de neige pour ça.

Antoine : Dommage.

Jonathan : Mais je te rassure, l'hiver qui arrive va apporter plein de neige.

Antoine : Génial.

A little reminder :

Il fait super froid aujourd'hui = It's super cold today
Tu penses qu'il va pleuvoir aujourd'hui ? = Do you think it will rain today
Un super bonhomme de neige = A great snowman

Practical exercise : Talking About the Weather

Describe the weather outside in French.

Conversation #19 : Go to the gym

Beginner level :

Athlete : Hello, I would like to join the gym.
Coach : Yes of course, we offer a monthly abonnement of 49€.
Athlete : Ok, and what time is the gym open ?
Coach : From seven in the morning to ten in the evening.
Athlete : Perfect, and even the weekend ?
Coach : Yes, even on weekends.
Athlete : Do you also provide coaching ?
Coach : Yes, when you come to the gym, if a coach is present and available you can ask him questions.
Athlete : That's great ! I want to sign up.
Coach : You just have to fill in this formulaire, I'll give you your membership carte and I'll show you around the gym.
Athlete : Alright, do you take the credit card for payment ?
Coach : Yes of course.
Athlete : Great, it's done ! I want to visit the gym.
Coach : Follow me. So here we have the machines for the upper body and there are the machines to work the jambes.
Athlete : I see.
Coach : And once you're done with your workout, you can go to the douches which are right here.
Athlete : Okay, I got it.
Coach : Well, if you want, you can do your first session now.
Athlete : Yes, I will do that. I have my gym clothes in my car.

Thank you.

Abonnement = Subscription
Formulaire = Form
Carte = Card
Jambes = Legs
Douches = Showers

Conversation in French :

Le sportif : Bonjour, j'aimerais m'inscrire à la salle de sport.
Coach : Oui bien sûr, nous proposons un abonnement mensuel de 49€.
Le sportif : D'accord et la salle de sport est ouverte à quels horaires ?
Coach : De sept heures du matin à dix heures du soir.
Le sportif : Parfait, et même le week-end ?
Coach : Oui, même le week-end.
Le sportif : Vous proposez aussi du coaching ?
Coach : Oui, quand vous venez à la salle de sport, si un coach est présent et disponible vous pouvez lui poser des questions.
Le sportif : C'est génial ! Je veux m'inscrire.
Coach : Vous avez juste à remplir ce formulaire, je vous donne votre carte de membre et je vous fais visiter la salle.
Le sportif : Ça marche, vous prenez la carte de crédit pour le paiement ?
Coach : Oui bien sûr.
Le sportif : Top, c'est fait ! Je veux bien une visite de la salle de sport.
Coach : Suivez-moi. Alors ici nous avons les machines pour le haut du corps et là ce sont les machines pour travailler les jambes.
Le sportif : Je vois.
Coach : Et une fois que vous avez fini votre séance de sport, vous pouvez aller aux douches qui sont juste ici.
Le sportif : Parfait, j'ai tout compris.
Coach : Bien, si vous le souhaitez vous pouvez faire votre

première séance maintenant.

Le sportif : Oui, je vais faire ça. J'ai mes vêtements de sport dans ma voiture. Merci.

A little reminder :

J'aimerais m'inscrire à la salle de sport = I would like to join the gym
La salle de sport est ouverte à quels horaires ? = What time is the gym open ?
J'ai mes vêtements de sport dans ma voiture = I have my gym clothes in my car

Practical exercise : Go to the gym

Translate these three questions into French, then write them down. You can copy the sentences from the conversation.

When is the gym open ?

_____

Do you offer coaching ?

_____

Do you take the credit card for payment ?

_____

Conversation #20 : Telling the story of your day

Beginner level :

Martin : Hi Mélanie, how was your <u>journée</u> ?
Mélanie : Not great and you ?
Martin : What do you mean not great, what happened ?
Mélanie : My <u>patron</u> wants me to work on Sunday.
Martin : Oh dear, and what did you tell him ?

Mélanie : At first, I told him I couldn't. But he insisted and I couldn't do it. But he insisted and I couldn't say no. So from now on I work on Sundays.

Martin : Maybe it's temporaire ?

Mélanie : I don't think so. How was your day ?

Martin : Quite nice, and at lunch I ate with the accountant. She is really nice.

Mélanie : Oh yes, the one you get on well with ?

Martin : Yes, I think we're even amis.

Mélanie : Great. Well, I have to go, shall we do something this weekend ?

Martin : Yes, of course, come to the house, we'll have an aperitif.

Mélanie : All right !

Martin : Have a good semaine, Mélanie.

Mélanie : Have a good week Martin.

Vocabulary :

Journée = Day
Patron = Boss
Temporary = Temporaire
Amis = Friends
Semaine = Week

Conversation in French :

Martin : Salut Mélanie, comment s'est passé ta journée ?

Mélanie : Pas super et toi ?

Martin : Comment ça pas super, il s'est passé quoi ?

Mélanie : Mon patron veut me faire travailler le dimanche.

Martin : Ah mince, et tu lui a dis quoi ?

Mélanie : Au début, je lui ai dit que je ne pouvais pas. Mais il a insisté et je n'ai pas réussi à dire non. Donc à partir de maintenant je travaille le dimanche.

Martin : C'est peut-être temporaire ?

Mélanie : Je ne pense pas. Et toi ta journée ?

Martin : Plutôt sympa, et le midi j'ai mangé avec la comptable. Elle est vraiment sympa.

Mélanie : Ah oui, celle avec qui tu t'entends bien ?

Martin : Oui, je pense même qu'on est amis.

Mélanie : Super. Bon je dois y aller, on se fait quelque chose ce week-end ?

Martin : Oui bien sûr, passe à la maison, on se fera un apéro.

Mélanie : Ça marche !

Martin : Allez, bonne semaine Mélanie.

Mélanie : Bonne semaine Martin.

A little reminder :

Comment s'est passé ta journée ? = How was your day ?

Mon patron veut me faire travailler le dimanche = My boss wants me to work on Sundays

On se fait quelque chose ce week-end = Let's do something this weekend

Conversation #21 : At School

Beginner level :

Teacher : Hello, today we are going to study mathematics.

Teacher : Please take your <u>cahiers</u> to page one hundred and twenty-five.

Teacher : Mathieu, can you answer the <u>première</u> question please ?

Mathieu : Yes of course, we are talking about the first exercise on the page ?

Teacher : Yes, that's right.

Mathieu : The answer is <u>quatre-vingts</u> sir.

Teacher : Yes, that's right, perfect.

*** at the end of the course ***

Teacher : Okay, take your <u>agendas</u>, I'm going to give you some homework.

Teacher : For tomorrow, do exercise two on page one hundred and thirty.

Teacher : And for those of you who are motivated, you can do exercise three which is right after.

Teacher : Also, you have a math <u>contrôle</u> in two weeks. That's Monday, October twenty-seventh, so please make a note of that in your diary.

Teacher : Have a good weekend, get some rest.

Vocabulary :

Cahiers = Notebooks
Première = First
Quatre-vingts = Eighty
Agendas = Diaries
Contrôle = Test

Conversation in French :

Professeur : Bonjour, aujourd'hui nous allons étudier les mathématiques.

Professeur : Prenez vos cahiers à la page cent-vingt-cinq s'il vous plaît.

Professeur : Mathieu, pouvez-vous répondre à la première question s'il vous plaît ?

Mathieu : Oui bien sûr, on parle bien du premier exercice de la page ?

Professeur : Oui c'est ça.

Mathieu : La réponse est quatre-vingts Messieurs.

Professeur : Oui c'est ça, parfait.

*** *à la fin du cours* ***

Professeur : Bon, prenez vos agendas, je vais vous donner quelques devoirs.

Professeur : Pour demain, faites l'exercice deux de la page cent-trente.

Professeur : Et pour les motivés, vous pouvez faire l'exercice trois qui est juste après.

Professeur : De plus, vous avez un contrôle de mathématiques dans deux semaines. Précisément le lundi vingt-sept octobre, notez-le sur votre agenda s'il vous plaît.

Professeur : Je vous souhaite un bon week-end, reposez-vous bien.

A little reminder :

Pouvez-vous répondre à la première question ? = Can you answer the first question ?

Je vais vous donner quelques devoirs = I will give you some homework

Je vous souhaite un bon week-end = I hope you have a good weekend

Conversation #22 : An old friend

Beginner level :

Jacques : Léo, is that you ?
Léo : Uh yes, how do you know my name ?
Jacques : It's Jacques, we went to <u>lycée</u> together.
Léo : No, that's not possible ! Jacques Prévert ?
Jacques : Yes, that's it ! We were <u>meilleurs</u> friends at the time and then we lost touch.
Léo : That's just crazy, and what are you doing today ?
Jacques : Well, I work in a <u>banque,</u> I manage numbers and you ?
Léo : Me too ! I'm an account manager for rich clients.
Jacques : That's really great ! We really need to get together and talk about the good <u>vieux</u> days.
Léo : Well, definitely, tomorrow night a restaurant would be good for you, I invite.
Jacques : Yes of course, that's perfect.
Léo : Great, you can give me your <u>téléphone</u> number and I'll send you a message.
Jacques : Here it is.
Léo : Great, it was nice to see you again, see you tomorrow night !
Jacques : You too.

Vocabulary :

Lycée = High school
Meilleur = Best
Banque = Bank
Vieux = Old
Téléphone = Phone

Conversation in French :

Jacques : Léo, c'est toi ?
Léo : Heu oui, comment savez-vous mon nom ?
Jacques : C'est Jacques, on était au lycée ensemble.

Léo : Non, c'est pas possible ! Jacques Prévert ?

Jacques : Oui c'est ça ! On était meilleurs amis à l'époque puis on s'est perdu de vue.

Léo : C'est juste dingue, et tu deviens quoi aujourd'hui ?

Jacques : Eh bien, je travaille dans une banque, je gère des chiffres et toi ?

Léo : Moi aussi ! Je suis gestionnaire de comptes pour de riches clients.

Jacques : Vraiment trop bien ! Il faut vraiment qu'on se revoit pour parler du bon vieux temps.

Léo : Eh bien carrément, demain soir un petit restaurant ça t'irais, j'invite.

Jacques : Oui bien sûr, c'est parfait.

Léo : Génial, tu peux me donner ton numéro de téléphone et je t'enverrais un message.

Jacques : Hop, le voici.

Léo : Top, c'était un plaisir de te revoir, à demain soir !

Jacques : Pareillement.

A little reminder :

Comment savez-vous mon nom ? = How do you know my name ?

On était meilleurs amis à l'époque = We were best friends back in the day

Tu peux me donner ton numéro de téléphone = Can you give me your phone number

Conversation #23 : At the pool

Beginner level :

Receptionist : Hello ! What can I do for you ?
Swimmer : I'd like a ticket, I'll swim a few laps.
Receptionist : Great, we also have <u>abonnements</u> if you want to come several times.
Swimmer : No that's okay, I'm just passing through, thanks for offering.
Receptionist : Alright, you are from the region, there are <u>réductions</u>.
Swimmer : No, I come from Paris.
Receptionist : Ok, that will be <u>huit</u> euros.
Swimmer : I'll pay by credit card please.
Receptionist : You can enter your <u>carte</u> and type in your code right here.
Swimmer : Alright.
Receptionist : That's it, the payment has been made.
Swimmer : What time does the <u>piscine</u> close ?
Receptionist : It closes at nine o'clock, but you have to get out thirty minutes before the pools, so it closes at six thirty.
Swimmer : Got it, thanks a lot !
Receptionist : Have a good session.

Vocabulary :

Abonnements = Memberships
Réductions = Discounts
Huit = Eight
Piscine = Pool
Carte = Card

Conversation in French :

Accueil : Bonjour ! Que puis-je faire pour vous ?
Nageur : J'aimerai un billet, je vais nager quelques longueurs.

Accueil : Parfait, nous avons aussi des abonnements si vous voulez venir plusieurs fois.

Nageur : Non c'est bon, je suis seulement de passage, merci de proposer.

Accueil : Ça marche, vous êtes de la région, il y a des réductions.

Nageur : Non, je viens de Paris.

Accueil : D'accord, ça vous fera donc huit euros.

Nageur : Je paie par carte de crédit s'il vous plaît.

Accueil : Vous pouvez entrer votre carte et taper votre code juste ici.

Nageur : Ça marche.

Accueil : C'est bon, le paiement est passé.

Nageur : La piscine ferme à quelle heure ?

Accueil : Elle ferme à dix-neuf heures, mais il faut sortir trente minutes avant des bassins donc à partir de dix-huit heures trente elle ferme.

Nageur : C'est noté, merci beaucoup !

Accueil : Bonne séance.

A little reminder :

Que puis-je faire pour vous ? = What can I do for you ?
Je viens de Paris = I'm from Paris
La piscine ferme à quelle heure ? = What time does the pool close ?

Conversation #24 : Introducing a friend

Beginner level :

Emma : Hi James, this is Nathan, he is a good <u>ami</u> of mine.

James : Nice to meet you Nathan, how long have you known Emma ?

Nathan : Nice to meet you James ! She's a <u>enfance</u> friend, we've known each other since we were kids.

James : I can't believe she never mentioned you before.

Emma : Yes, it's true ! I don't talk much about my <u>vie privée</u>.

Emma : Anyway. Nathan works as an accountant, I think our company is looking for one.

James : Yes, at the moment we are trying to hire a good accountant. But you already have a job, Nathan ?

Nathan : Yes, I already have a job, but I am always on the lookout for new opportunities. So if you're interested in my profile, we could talk.

James : Yes, of course, it would be a <u>plaisir</u>. You can send me your resume and I will forward it to Human Resources.

Nathan : Great, I'll send it to you tonight then ! Thanks James.

James : You're welcome, it's always nice to meet some of Emma's friends.

Emma : See you later James, we're going to <u>manger</u> with Nathan.

James : All right, bon appétit !

Vocabulary :

Ami = Friend
Enfance = Childhood
Vie privée = Personal life
Plaisir = Pleasure
Manger - Eat

Conversation in French :

Emma : Bonjour James, je vous présente Nathan, c'est un bon ami à moi.

James : Enchanté Nathan, vous connaissez Emma depuis combien de temps ?

Nathan : Enchanté James ! C'est une amie d'enfance, on se connait depuis qu'on est tout petit.

James : Incroyable, elle ne m'avait jamais parlé de vous.

Emma : Oui, c'est vrai ! Je ne parle pas beaucoup de ma vie privée.

Emma : Enfin bref. Nathan travaille en tant que comptable, il me semble que notre entreprise en cherche un.

James : Oui effectivement, en ce moment on essaye de recruter un bon comptable. Mais vous avez déjà un poste Nathan ?

Nathan : Oui, j'ai déjà un travail, mais je suis toujours à l'affût de nouvelles opportunités. Donc si mon profil vous intéresse, on pourrait en discuter.

James : Oui bien sûr, ça serait avec plaisir. Vous pouvez m'envoyer votre CV, je vais le transférer aux ressources humaines.

Nathan : Parfait, je vous envoie ça dès ce soir alors ! Merci James.

James : De rien, c'est toujours un plaisir de rencontrer des amis d'Emma.

Emma : Allez à plus James, nous allons manger avec Nathan.

James : Ça marche, bon appétit !

A little reminder :

Bonjour James, je vous présente Nathan = Hello James, this is Nathan

Je ne parle pas beaucoup de ma vie privée = I don't talk much about my personal life

Nathan travaille en tant que comptable = Nathan works as an accountant

Conversation #25 : At the zoo

Beginner level :

Mom : Gabriel, today we are going to the zoo to see the <u>animaux</u>.

Gabriel (son) : Nice ! Will there be lions ?

Mom : Normally there are, the zoo has <u>trois</u> lions in a park.

Gabriel : Too many, and we can see the <u>singes</u> too.

Mom : According to the brochure, there are twenty monkeys.

Mom : And you, Gabriel, what is your favorite animal ?

Gabriel : I think it's the <u>tigre</u> !

Mom : I knew it ! Come on, get ready, we're going by car, get ready.

*** *Inside the zoo* ***

Mommy : Did you see Gabriel, there's a tiger right there.

Gabriel : Wow, he's really pretty. He's orange with black <u>rayures</u>.

Mom : Yes, and in the park next door you have a panda.
Gabriel : A panda ?
Mom : Yes, it's the animal that looks like a big black and white teddy bear.
Gabriel : Yes, I see it.
Mom : Do you want to go see the monkeys now ?
Gabriel : Yes, I want to see them !

Vocabulary :

Animaux = Animals
Trois = Three
Singes = Monkeys
Tigre = Tiger
Rayures = Stripes

Conversation in French :

Maman : Gabriel, aujourd'hui nous allons au zoo voire les animaux.
Gabriel (fils) : Trop bien ! Il y a aura des lions ?
Maman : Normalement oui, le zoo a trois lions dans un parc.
Gabriel : Trop, et on pourra aussi voir les singes.
Maman : Selon la brochure, il y a vingtaine de singes.
Maman : Et toi Gabriel, quel est ton animal préféré ?
Gabriel : Je pense que c'est le tigre !
Maman : Ah je le savais ! Allez prépare-toi, nous allons y aller en voiture, prépare-toi.
*** *Une fois à l'intérieur du zoo* ***
Maman : Tu as vu Gabriel, il y a un tigre juste-là.
Gabriel : Waouh ! Il est super beau. Il est orange avec des rayures noires.
Maman : Oui, et dans le parc à côté tu as un panda.
Gabriel : Un panda ?
Maman : Oui, c'est l'animal qui ressemble à un gros nounours noir et blanc.
Gabriel : Oui je le vois.
Maman : Tu veux qu'on aille voir les singes maintenant ?

Gabriel : Oui, je veux les voir !

A little reminder :

Aujourd'hui nous allons au zoo = Today we are going to the zoo
Quel est ton animal préféré ? = What is your favorite animal ?
Tu veux qu'on aille voir les singes maintenant ? = Do you want to go see the monkeys now ?

Conversation #26 : Colors

Beginner level :

Painter : Colors are important in a <u>tableau</u>.
Apprentice : What is their role ?
Painter : They allow us to <u>donner</u> emotions.
Painter : For example, <u>rouge</u> is the color of love and passion.
Apprentice : And green is the color of nature.
Painter : Yes it is. Green can also represent <u>paix</u>, tranquility.
Apprentice : I see.
Painter : The color <u>blanc</u> evokes purity and innocence.
Apprentice : Yellow can mean energy and dynamism.
Painter : Yes, that's exactly right.
Apprentice : And you sir, what is your favorite color ?
Painter : I think it's orange, the color of creativity. What about you ?
Apprentice : I really like purple, it's a relaxing color.
Painter : Look at my finished painting.

Vocabulary :

Tableau = A painting
Donner = Give
Rouge = Red
Paix = Peace
Blanc = White

Peintre : Les couleurs sont importantes dans un tableau.
Apprenti : Quel est leur rôle ?
Peintre : Elles permettent de donner des émotions.
Peintre : Par exemple, le rouge est la couleur de l'amour et de la passion.
Apprenti : Et le vert est la couleur de la nature.
Peintre : Oui c'est ça. Le vert peut aussi représenter l'apaisement, la tranquillité.
Apprenti : Je vois.
Peintre : La couleur blanche évoque la pureté et l'innocence.
Apprenti : Le jaune peut signifier l'énergie et le dynamisme.
Peintre : Oui c'est exactement ça.
Apprenti : Et vous Monsieur, quelle est votre couleur préférée ?
Peintre : Je pense que c'est l'orange, la couleur de la créativité. Et toi ?
Apprenti : J'aime beaucoup le violet, c'est une couleur apaisante.
Peintre : Regarde mon tableau est fini.

A little reminder :

Les couleurs sont importantes = Colors are important
Le rouge est la couleur de l'amour = Red is the color of love
Quelle est votre couleur préférée ? = What is your favorite color

Practical exercise : Colors

Write down in French as many of the color names as you can remember from the conversation. You can take a quick look if you have a memory lapse.

Conversation #27 : At the bakery

The French love their bakeries ! We love bread (*the famous baguette*), we eat it at every meal. If I can make a comparison, it's a bit like Asians with rice. I know it sounds cliché but I think it's true.

Moreover, at the bakery you will also find croissants and pains au chocolat that can be eaten for breakfast as well as sandwiches for lunch.

Beginner level :

Customer : Hello, I'll take a baguette.
Baker : Is a <u>bien cuite</u> baguette okay ?
Customer : Yes, fine.
Baker : And here it is, would you like <u>quelque chose d'autre</u> ?
Customer : I'll also take a croissant please.
Baker : Okay, I'll put it on your <u>commande</u>.
Customer : Thank you.
Baker : Will that be all ?
Customer : I'll also take <u>deux-cents</u> grams of chouquettes please.
Baker : I'll add that to your order.
Customer : Thank you.
Baker : That'll be <u>sept</u> euros and fifty cents.
Customer : Here's a tenner, can you give me change ?
Baker : Yes, of course, here are two euros and fifty cents.
Customer : Thank you for everything ! Have a nice day.
Baker : You too. Have a nice day, sir.

Vocabulary :

Bien cuite = Well baked
Quelque chose d'autre = Something else
Commande = Order
Deux-cents = Two-hundred
Sept = Seven

Conversation in French :

Client : Bonjour, je vais vous prendre une baguette.
Boulangère : Une baguette bien cuite ça vous va ?
Client : Oui, parfait.

Boulangère : Et là voilà, désirez-vous autre chose ?

Client : Je vais aussi vous prendre un croissant s'il vous plaît.

Boulangère : Ça marche, je le mets à votre commande.

Client : Merci.

Boulangère : Ce sera tout ?

Client : Je vais aussi prendre deux-cents grammes de chouquettes s'il vous plaît.

Boulangère : Je vous rajoute ça.

Client : Merci.

Boulangère : Alors ça vous fera sept euros et cinquante centimes.

Client : Voici un billet de dix, vous pouvez me rendre la monnaie ?

Boulangère : Oui bien sûr, voici deux euros cinquante.

Client : Merci pour tout ! Passez une bonne journée.

Boulangère : Vous aussi. Bonne journée Monsieur.

A little reminder :

Je vais vous prendre une baguette = I'll get you a baguette
Ce sera tout ? = Will that be all ?
Bonne journée Monsieur = Good day, sir

Conversation #28 : Shopping

Important : According to the European Commission, "*Visitors leaving EU territory to return home or to another non-EU country can purchase goods VAT-free.*"

VAT is a tax on all consumer goods you buy. For a piece of clothing or a souvenir in a store, the VAT is 20% of the price of the item. So if you can deduct it, it will save you a lot of money !

To be eligible for VAT refund on your purchases, I invite you to consult the European Commission website to see the steps related to your situation. You can easily gain a few dozen or even hundreds of euros. So it's really worth it !

Jules : Hi Marie, do you want to go shopping ? I need to buy a new <u>pantalon</u>.
Marie : Oh yes, I love shopping, let's go !
Jules : Great, we'll take my <u>voiture</u>. Do you need to buy something ?
Marie : Yes, I'm thinking of a dress for the summer, and maybe a new pair of <u>chaussures</u>.
Jules : Okay.
*** They go to the stores ***
Jules : Hey Marie, what do you think of these jeans ?
Marie : I think they're nice, you should go to the <u>cabine d'essayage</u> and try them on.
Jules : Good idea, I'll go right away.
Jules : So, what do you think ?
Marie : I think it looks really good on you. And how do you feel in it ?
Jules : I feel great !
Marie : Good, take it then. I'll go look at the <u>robes</u>.
Jules : Go ahead, I'll pay at the checkout and then I'll join you.
Marie : Jules, what do you think of this red dress ?
Jules : It really suits you, you should take it.
Marie : Great, I'm going to try on the shoes now.

Vocabulary :

Pantalon = Pants
Voiture = Car
Chaussures = Shoes
Cabine d'essayage = Fitting room
Robes = Dresses

Conversation in French :

Jules : Salut Marie, ça te dit on va faire du shopping ? Il faut que je m'achète un nouveau pantalon.
Marie : Oh oui, j'adore le shopping, allons-y !

Jules : Super, on va prendre ma voiture. Tu as besoin de t'acheter quelque chose toi ?

Marie : Oui, je pense une robe pour l'été, et pourquoi pas une nouvelle paire de chaussures.

Jules : Ça marche.

*** *Ils arrivent aux magasins* ***

Jules : Hey Marie, tu penses quoi de ce jean ?

Marie : Je trouve qu'il est sympa, tu devrais aller en cabine d'essayage pour le tester.

Jules : Bonne idée, j'y vais tout de suite.

Jules : Alors, tu en penses quoi ?

Marie : Je trouve qu'il te va vraiment bien. Et toi tu te sens comment dedans ?

Jules : Je me sens bien !

Marie : Parfait, prend-le alors. Je vais aller voir les robes.

Jules : Vas-y, je vais payer à la caisse et je te rejoins.

Marie : Jules, tu penses quoi de cette robe rouge ?

Jules : Elle te va vraiment bien, tu devrais la prendre.

Marie : Super, je vais essayer les chaussures maintenant.

A little reminder :

Il faut que je m'achète un nouveau pantalon = I need to buy new pants

Tu penses quoi de ce jean ? = What do you think of these jeans ?

Je vais payer à la caisse = I'm going to pay at the cash register

Conversation #29 : Job interview

Beginner level :

Applicant : Hello sir, I'm here for the job announcement.

Employer : Yes, of course, I have the rendez-vous in my agenda. Please, have a seat.

Applicant : Thank you. I brought my CV if you want to see it during the interview.

Employer : I can see that you are serious, that's great ! Don't worry, I'll just ask you a few questions.

Applicant : Alright !

Employer : First of all, why do you want to work with us ?

Applicant : I've heard a lot of positive <u>retours</u> from employees about your company. And you are the market leader, I want to work with the best.

Employer : Good attitude, I appreciate it. Where do you see yourself in ten years ?

Applicant : I see myself in a position with responsibility. I'm <u>ambitieux</u> and hardworking so I'd like a position that reflects my commitments.

Employer : Well, can you tell me your three best qualities ?

Applicant : I would say I am disciplined, hardworking and efficient.

Employer : I note, and what would you say are your three greatest <u>faiblesses</u> ?

Applicant : Even though I am working a lot on my weaknesses, I still need to improve in communicating with my colleagues, in my ability to concentrate and in making phone calls.

Employer : I see, thank you for your honesty. Well, I like your profile. I'll check with the boss, we'll get back to you soon.

Applicant : Okay, thank you very much for your time, have a good day.

Employer : Have a nice day.

Vocabulary :

Rendez-vous = Appointment
CV = Resume
Retours = Feedback
Ambitieux = Ambitious
Faiblesses = Weaknesses

Conversation in French :

Candidat : Bonjour Monsieur, je viens pour l'annonce d'emploi.
Employeur : Oui bien sûr, j'ai le rendez-vous dans mon agenda. Je vous en prie, installez-vous.

Candidat : Merci. J'ai apporté mon CV si vous souhaitez le voir pendant l'entretien.

Employeur : Je vois que vous êtes sérieux, c'est parfait ! Rassurez-vous, je vais juste vous poser quelques questions.

Candidat : Ça marche !

Employeur : Tout d'abord, pourquoi voulez-vous travailler avec nous ?

Candidat : J'ai entendu beaucoup de retours positifs d'employés sur votre entreprise. Et vous êtes les leaders sur le marché, je veux travailler avec les meilleurs.

Employeur : Bonne mentalité, j'apprécie. Vous vous voyez où dans dix ans ?

Candidat : Je me vois dans un poste avec des responsabilités. Je suis ambitieux et travailleur donc j'aimerais une position qui reflète mes engagements.

Employeur : Bien, vous pouvez me dire vos trois plus grandes qualités ?

Candidat : Je dirais que je suis discipliné, travailleur et efficace.

Employeur : Je note, et quelles sont vos trois plus grandes faiblesses selon vous ?

Candidat : Même si je travaille beaucoup sur mes faiblesses, je dois encore m'améliorer dans la communication avec mes collègues, dans ma capacité à me concentrer et réussir des appels téléphoniques.

Employeur : Je vois, merci de votre honnêteté. Eh bien, votre profil me plaît. Je vais voir avec le patron, nous vous recontacterons bientôt.

Candidat : D'accord, merci beaucoup pour votre temps, je vous souhaite une bonne journée.

Employeur : Bonne journée.

A little reminder :

Je viens pour l'annonce d'emploi = I'm here for the job announcement

Quelles sont vos trois plus grandes qualités ? = What are your top three qualities ?

Merci beaucoup pour votre temps = Thank you very much for your time

Practical exercise : Job interview

Imagine that you are in a job interview in France for your dream job, the recruiter asks you these three questions, answer them in French :

Pourquoi voulez-vous travailler avec nous ?

_____

Vous pouvez me dire vos trois plus grandes qualités ?

_____

Quelles sont vos trois plus grandes faiblesses selon vous ?

_____

Conversation #30 : Travel

Beginner level :

Adam : Hey Justine, have you ever traveled abroad ?
Justine : Yeah, I've been to Espagne once.
Adam : Where exactly did you go ?
Justine : I went to Madrid, the capital.
Adam : Great, did you enjoy the voyage ?
Justine : Yes, very much so, the Spanish are nice and it was very nice and chaud.
Adam : I guess so.
Justine : And you, Adam, which country did you visit ?
Adam : My parents and I have the chance to travel a lot. I went to Portugal, Suisse and also to China.
Justine : And what is your favorite destination ?
Adam : I loved Portugal ! The Portuguese people are really nice and Lisbon, the capital, is a very nice city.
Justine : And which pays would you like to visit now ?
Adam : I would like to see Brazil, I'm intrigued by this country !
Justine : Oh great, I'd love to go there too.

Adam : Maybe we should go together sometime.
Justine : Why not !

Vocabulary :

Espagne = Spain
Voyage = Trip
Chaud = Warm
Suisse = Switzerland
Pays = Country

Conversation in French :

Adam : Hey Justine, tu as déjà voyagé à l'étranger ?
Justine : Oui, je suis déjà allée en Espagne une fois.
Adam : Tu es allé où précisément ?
Justine : Je suis allée à Madrid, la capitale.
Adam : Génial, tu avais aimé ce voyage ?
Justine : Oui beaucoup, les Espagnols sont sympas et il faisait très beau et chaud.
Adam : J'imagine.
Justine : Et toi Adam, tu as visité quel pays ?
Adam : Avec mes parents nous avons la chance de beaucoup voyager. Je suis allé au Portugal, en Suisse et aussi en Chine.
Justine : Et quelle est ta destination préférée ?
Adam : J'ai adoré le Portugal ! Les Portugais sont vraiment sympathiques et Lisbonne, la capitale, est une ville très jolie.
Justine : Et tu aimerais visiter quel pays maintenant ?
Adam : J'aimerais voir le Brésil, ce pays m'intrigue !
Justine : Oh super, moi aussi j'adorerai y aller.
Adam : On devrait peut-être y aller ensemble un jour.
Justine : Pourquoi pas !

A little reminder :

Tu as déjà voyagé à l'étranger ? = Have you ever traveled abroad ?
Quelle est ta destination préférée ? = What is your favorite destination ?

J'aimerais voir le Brésil = I would like to see Brazil

Practical exercise : Travel

Answer these three questions in French :

Tu as déjà voyagé à l'étranger ?

_____

Quelle est ta destination préférée ?

_____

Tu aimerais visiter quel pays maintenant ?

_____

10 short stories in French

Stories are a great way to discover a language when you are starting out. So I'd rather warn you before you start reading, it's normal that you won't understand everything you read at first. You will probably wonder what many words mean, and that's normal.

To help you, at the bottom of each paragraph I have put the translation of the important words to remember for each story. The big advantage of the stories I am going to present to you is that they are about the daily life of the French. So you will learn new words that you will be able to use easily when you talk to a French speaker.

Moreover, each little story is divided into four chapters. So, in only 5 minutes a day (*or when you have some free time*) you can read a chapter and then continue your life.

Histoire 1 : Sur les traces de mon passé

Chapitre 1 :

Je m'appelle Sophie. J'habite dans le sud de la France, près de Marseille. Je vis avec **mon mari** et mes deux enfants. Ils s'appellent Lucie et Louis. J'ai aussi **un chien**. Il s'appelle Tommy. Il est très gourmand.

Mon mari = My husband
Un chien = A dog

Je suis **institutrice** et je travaille dans une école. Mon métier est ma passion. J'aime aider les enfants à apprendre des choses. L'histoire est la matière que je préfère **enseigner**. J'ai toujours aimé parler du passé. Comprendre le passé est important.

Institutrice = Teacher
Enseigner = To teach

Mon histoire n'a pas toujours été rose. Je n'ai jamais connu mes vrais parents. Ils m'ont abandonné à l'âge de cinq ans. Je n'ai jamais su pourquoi. Ils ne pouvaient sûrement pas s'occuper de moi. Alors j'ai été **adoptée**.

Adoptée = Adopted

J'ai grandi dans une famille **gentille**. Mes parents adoptifs m'ont aimé très fort. J'ai eu une enfance **joyeuse**. Ils m'ont expliqué mon histoire. En grandissant, je voulais en savoir plus. Je voulais rencontrer mes parents biologiques. Mais je ne savais pas comment les retrouver. Alors j'ai **abandonné**.

Gentille = Nice
Joyeuse = Happy
Abandonné (abandonner) = Abandoned (give up)

Chapitre 2 :

Un jour, je travaillais à **l'école**. C'était l'heure de la récréation pour les enfants. J'ai aperçu une petite fille qui me ressemblait. Elle **jouait** à la marelle dans la cour de l'école. Ses longs **cheveux** étaient blonds. Elle avait de grands yeux verts.

L'école = The school
Elle jouait (jouer) = She played (play)
Cheveux = Hair

Son visage fin et ses **lèvres** dessinées me rappelaient quelqu'un. Elle me faisait penser à une photo. C'était une photo de moi lorsque j'étais enfant. J'avais des yeux, des cheveux et un visage

similaire. Je me suis rappelé quelques **souvenirs**. Il ne m'en reste pas beaucoup.

Lèvres = Lips
Similaires = Similar
Souvenirs = Memories

La fin de la récréation a sonné. Les enfants ont regagné **la salle de classe**. J'ai continué à enseigner. Mais je ne pouvais pas oublier la petite fille. Son image est restée dans mon **esprit**. Je ne pensais qu'à elle.

La salle de classe = The classroom
Esprit = Mind

À la fin de la journée, la petite fille a quitté l'école. Son père est venu la chercher en **voiture**. Moi, je suis rentrée à la maison. J'ai retrouvé mon mari et **mes enfants**.

Voiture = Car
Mes enfants = My children

Chapitre 3 :

J'ai toujours voulu connaître **mon passé**. Et cette petite fille a été un **déclic**. J'avais abandonné mes recherches il y a quelques années. Mais j'ai décidé de tout **recommencer**. Cette fois, je suis déterminée. Je veux absolument retrouver mes parents biologiques.

Mon passé = My past
Déclic = Click
Recommencer = Start over

Le soir, je décide de ressortir mes **anciennes** photos. Je fouille dans les vieux documents. Ils étaient rangés dans le **grenier** de la maison. Il y avait de la poussière et des vieux cartons. Mais ce n'était pas grave. Je **devais** absolument en savoir plus.

Anciennes = Older
Grenier = Attic
Je devais = I had to do

Dans le premier **carton**, je trouve un album photo. L'album photo montre un **bébé**. C'était moi. Dans le second carton, je trouve un cahier manuscrit. Il est écrit au stylo plume. Il y a beaucoup d'entrées sur les pages. Le cahier manuscrit est **difficile** à lire.

Carton = Cardboard
Bébé = Baby
Difficile = Difficult

Je demande à mon mari de m'**aider**. Ensemble, nous **trouvons** une adresse. C'est l'adresse de mes parents biologiques. Ils habitent dans le nord de la France, près de Paris. Je pense qu'ils sont très âgés maintenant. Mais ce n'est pas grave. Je **veux** les retrouver.

Aider = To help
Trouvons (trouver) = We find (to find)
Veux (vouloir) = I want (to want)

Le lendemain matin, je **pars** à Paris. C'est le week-end. Mon mari m'accompagne. Mes enfants sont gardés par leur **tante**. Nous voyageons en train. C'est un moyen de transport rapide. Il y a une gare à Marseille et à Paris. Il y a beaucoup de **passagers** dans le train.

Pars (partir) = I leave (to leave)
Tante = Aunt
Passagers = Passengers

Nous n'avons pas de **valise**. Seulement un petit sac rempli de documents. Arrivés à Paris, nous **prenons** un taxi. Le taxi nous emmène à l'adresse demandée. C'est celle de mes parents biologiques. Je crains que l'adresse soit incorrecte. Mais nous y allons **rapidement**.

Valise = Suitcase

Prenons (prendre) = We take (to take)
Rapidement = Quickly

Nous arrivons devant une maison **rouge**. Elle est très **belle**. Il y a un grand **jardin**. Devant la maison, il y a des tulipes et des tournesols. Mon mari de dit :

- Es-tu prête à sonner à la porte ?
- Oui, je suis prête.

Rouge = Red
Belle = Beautiful
Jardin = Garden

Je m'approche de la porte d'entrée. Mon mari m'attend plus loin. Je **sonne**. Une **vieille** dame m'ouvre. Je ne la reconnais pas. Je lui demande si elle connait mes parents biologiques. Elle me répond qu'ils sont décédés il y a quelques années. Je commence à **pleurer**.

Sonne (sonner) = I ring (to ring)
Vieille = Old
Pleurer = To cry

Chapitre 4 :

Le **lundi** suivant, je reprends le travail. Mes élèves sont contents de me retrouver. Ils sont **sages** et apprennent **facilement**. Ils font toujours leurs devoirs. La matinée se passe bien.

Lundi = Monday
Sages = Wise
Facilement = Easily

C'est l'heure de la récréation pour les enfants. Je revois la petite fille qui me **ressemble**. Elle joue avec ses amis. Je la vois **sourire**. J'ai **toujours** l'impression qu'elle me ressemble.

Ressemble (ressembler) = I look like (to look like)
Sourire = To smile

Toujours = Always

Le soir, les **élèves** rentrent à la maison. La petite fille blonde aussi. C'est sa **mère** qui vient la chercher. Je l'aperçois au loin. J'ai un second déclic. Je suis certaine de connaître cette personne. Mon instinct me dit de lui **parler**.

Élèves = Students
Mère = Mother
Parler = To talk

Je m'approche de cette femme. Il se passe quelque chose d'**étrange**. Elle a aussi l'impression de me **connaître**. Mais elle doit rentrer à la maison. Alors nous échangeons nos numéros de **téléphone**.

Étrange = Strange
Connaître = To know
Téléphone = Phone

Le lendemain, mon téléphone **sonne**. C'est la mère de la petite fille. Elle s'appelle Alice. Elle m'invite pour boire un **café**. Je préfère le **thé** mais j'accepte l'invitation.

Sonne (sonner) = It rings (to ring)
Café = Coffee
Thé = Tea

Je me rends chez elle en voiture. Elle a une belle maison **bleue**. Dans son jardin, il y a aussi des tournesols. Je sonne à la porte. Elle m'ouvre aussitôt. Nous **nous installons** autour de la table. Alice me **sert** un café.

Bleue = Blue
Nous nous installons (installer) = We settle (to settle)
Sert (servir) = He serves (to serve)

Nous commençons à **discuter**. Soudain, des **larmes** coulent sur ses joues. Elle veut me dire quelque chose d'important. Je l'écoute attentivement. Elle commence à parler :

\- Sophie, je suis ta **grande sœur** – dit Alice.

Discuter = To talk
Larmes = Tears
Grande sœur = Big sister

Je suis sous le choc. Mais je savais que la petite fille de l'école me ressemblait. Maintenant, tout est clair. Elle me ressemblait car nous sommes de la même **famille**. Sa **maman** n'est autre que ma sœur. Quel heureux **hasard** !

Famille = Family
Maman = Mom
Hasard = Chance
Mes parents sont décédés. Je ne pourrais plus jamais les retrouver. Mais j'ai retrouvé ma grande sœur. Aujourd'hui, je suis **heureuse**. Je sais d'où je viens. Je connais enfin **mon histoire**.

Heureuse = Happy
Mon histoire = My story

Histoire 2 : Un incroyable destin

Chapitre 1 :

Jean est un **homme** de 70 ans. Il ne travaille pas car il est à la **retraite**. Avant, il était **ouvrier**. Il travaillait sur les chantiers. C'est lui qui conduisait les engins de chantier. Il a même construit lui-même sa maison. Aujourd'hui, son corps est fatigué. Il peut enfin **se reposer**.

Homme = Man
Retraite = Retired
Ouvrier = Worker
Se reposer = To rest

Jean vit avec sa femme. Sa femme s'appelle Martine. C'est une dame âgée très gentille. Elle aime **s'occuper** de Félix. Félix est un vieux **chat malade**. 16 ans, c'est beaucoup pour un chat. Il est aveugle et se déplace difficilement. Mais il est content car Martine joue avec lui.

S'occuper = To take care of
Chat = Cat
Malade = Sick

Jean, Martine et leur chat **vivent** dans une petite maison. Elle est joliment décorée. La façade est bleue. Il y a de belles fleurs dans le jardin. La maison comporte deux **chambres**. La deuxième chambre accueille souvent les **petits-enfants** du couple.

Vivent (vivre) = They live (to live)
Chambres = Rooms
Petits-enfants = Grandchildrens

Jean et Martine aiment s'occuper de leur maison. **Ils cuisinent** toujours ensemble. Ils partagent beaucoup de temps à deux. Il était temps, après tant d'années de travail. **Jean rêve** d'offrir **un voyage** à sa femme. Malheureusement, il n'a pas assez d'argent. Alors ils ne quittent jamais leur maison.

Ils cuisinent (cuisiner) = They cook (to cook)
Jean rêve (rêver) = Jean dreams (to dream)
Un voyage = A trip

Jean aime se reposer sur le **canapé**. Il occupe sa journée en regardant la télévision. Il préfère les **émissions** culturelles et les reportages. Jean est très cultivé. Petit, il n'était pas bon à l'école. C'était même le dernier de la classe. Mais il adorait **apprendre**. Aujourd'hui, il apprend beaucoup en regardant la télévision.

Canapé = Sofa
Émissions = Programs
Apprendre = Learning

Chapitre 2 :

Un après-midi de **janvier**, il décide d'allumer la télévision. Il prévoyait de regarder son émission préférée. C'est un reportage sur l'histoire de France. Il cherche la chaîne qui diffuse cette émission. Mais lorsqu'il tombe dessus, **un jeu** télévisé apparaît. Jean était **en retard**. Son reportage préféré était déjà terminé.

Janvier = January
Un jeu = A game
En retard = Late

Alors il se résout à regarder le jeu télévisé. Il pensait **s'endormir** devant la télévision. En général, il n'aime pas ce genre d'émission. Mais il se retrouve passionné par ce jeu. Le concept ? Des questions de culture générale. Il faut être **rapide** pour **répondre** avant les autres concurrents.

S'endormir = To fall asleep
Rapide = Fast
Répondre = To answer

Jean a l'impression de **participer** au jeu. Il trouve rapidement les bonnes réponses. Il est plus rapide que tous les participants. La culture générale, c'est ce qu'il aime. Alors pour lui, c'est assez facile. Il se dit qu'il aurait toutes ses **chances** de **gagner**. Mais il n'est que devant sa télévision.

Participer = To participate
Chances = Chances
Gagner = To win

C'est dommage. S'il avait pu participer, Jean aurait sûrement gagné. Il aurait pu remporter beaucoup d'**argent**. La somme offerte au **vainqueur** s'élève à 100'000 euros. Avec ça, il aurait enfin pu réaliser ses rêves. Il aurait emmené sa femme en voyage. Et il aurait pu **profiter** de sa retraite.

Argent = Money

Vainqueur = Winner
Profiter = To profit

Sa femme était à côté de lui. Elle jouait avec Félix sur le canapé. Martine a tout vu. Elle a remarqué que son mari avait les bonnes réponses. Même lorsque les **questions** étaient difficiles. Alors elle lui demande :

- " Jean, voudrais-tu y participer ?
- Impossible, j'ai aucune chance d'être **sélectionné**.", répond Jean.

Questions = Questions
Sélectionné (sélectionner) = Selected (select)

Chapitre 3 :

Jean pensait qu'il était impossible d'être sélectionné. Martine croyait en son mari. Elle pensait vraiment que Jean pouvait **gagner** ce jeu télévisé. Alors elle **décide** de l'inscrire, sans lui dire. C'est un secret. Jean n'en saura rien. Au moins, il ne sera pas déçu s'il n'est pas sélectionné.

Gagner = To win
Elle décide (décider) = She decides (to decide)

Martine prend son courage à deux mains. Elle va chercher son téléphone. Elle appelle le secrétariat de l'émission. **Sa voix** tremble. Elle est stressée. Mais Martine n'a peur de rien. Elle demande :

- "Puis-je **inscrire** mon mari à votre jeu télévisé ?
- Bien-sûr madame, les inscriptions sont ouvertes.", répond **la secrétaire.**

Sa voix = Her voice
Inscrire = To register
La secrétaire = The secretary

Ça y est. **La candidature** de Jean a été envoyée au jeu télévisé. Mais rien n'est joué. C'est un jeu télévisé très **connu** en France. Il y a beaucoup de candidatures. Martine n'est pas **sûre** qu'il sera sélectionné. Mais c'est sans regret. Au moins, elle aura essayé.

La candidature = The application
Connu = Known
Sûre = Certain

Le couple reprend le cours de sa vie. Quelques **semaines** passent. Nous sommes au mois d'avril. Les oiseaux chantent. Il faut commencer à s'occuper du **jardin**. Jean et Martine sont à l'extérieur. Les mains dans la terre, ils plantent les premières fleurs. Ce sont des tulipes rouges et jaunes.

Le couple = The couple
Semaines = Weeks
Jardin = Garden

Soudain, un bruit retentit dans le salon. C'est le téléphone qui **sonne**. Jean pense que c'est encore de la publicité. Alors il ne se presse pas. Il se dirige calmement vers **le salon**. Il décroche le téléphone. C'est une voix qu'il ne reconnaît pas. Il se méfie. Il a peur des **arnaques** par téléphone.

Le salon = The living room
Sonne (sonner) = Ringing (to ring)
Arnaques = Scams

Chapitre 4 :

Martine **s'approche** du téléphone. Elle dit à Jean d'**écouter** attentivement. C'est la secrétaire du jeu télévisé. Elle dit :

- "**Félicitations** Jean ! Vous avez été sélectionné.
- Je n'ai pas bien compris", répond Jean.

Martine s'approche (approcher) = Martine is approaching (to approach)
Écouter = To listen
Félicitations = Congratulate

Jean pense que c'est une **blague**. Martine révèle alors **son secret** à son mari. Elle lui avoue tout. C'est bien elle qui a envoyé sa candidature.
Jean n'en revient pas. Il ne sait pas comment réagir. Il est surpris, **heureux** et stressé à la fois. Son rêve va peut-être se réaliser. Il raccroche le téléphone. Le canapé est juste à côté. Il doit s'asseoir pour réaliser ce qu'il se passe.

Une blague = A joke
Son secret = Her secret
Heureux = Happy

Jean n'a qu'**une semaine** pour se préparer. Il participe au jeu télévisé **lundi prochain**. Alors il commence à stresser. Il a vraiment envie de gagner. Son objectif ? Faire plaisir à sa femme pour la remercier. Alors il passe la semaine à **réviser**.

Une semaine = One week
Lundi prochain = Next Monday
Réviser = Review

Ça y est. C'est le grand jour. Aujourd'hui, Jean passe à la télévision. Il participe à un jeu de culture générale. Trois **concurrents** s'affrontent. Les questions s'enchaînent. Ses **adversaires** sont très forts. Les scores sont serrés. **La tension** est palpable. Martine retient son souffle devant sa télévision.

Concurrents = Competitors
Adversaires = Adversaries
La tension = Tension

La dernière question arrive. Elle vient départager les candidats. Suspens. Le résultat tombe... et c'est Jean qui l'emporte ! **Le**

public applaudit fortement. Tout le monde félicite le vainqueur. **Le présentateur** de l'émission prend son micro :

- "Jean, avez-vous quelque chose à dire ?
- Qui ne tente rien n'a rien. Je veux remercier ma femme pour me l'avoir rappelé.", dit Jean, avec beaucoup d'**émotion**.

Le public applaudit (applaudir) = The audience applauds (to applaud)
Le présentateur = The announcer
Émotion = Emotion

Histoire 3 : Un heureux événement

Chapitre 1 :

Michel est **cuisinier** dans un petit **restaurant** parisien. C'est un **métier** fatiguant à cause des horaires de travail. Pourtant, il adore travailler. Il ne gagne pas beaucoup d'argent. Le **salaire** des cuisiniers n'est pas très élevé en France. Les fins de mois sont parfois difficiles. Mais il est heureux.

Cuisinier = A cook
Restaurant = Restaurant
Métier = Job
Salaire = Salary

Michel a 38 ans. Il a deux **filles**, Alice et Lola. Elles ont 8 et 6 ans. Sa femme s'appelle Marianne. Elle est **enceinte**. Le couple attend **un petit garçon**. Ils vivent dans un appartement à proximité de Paris. Le logement est assez petit. Il sera difficile d'y accueillir un **troisième** enfant.

Filles = Girls
Enceinte = Pregnant
Un petit garçon = A little boy

Troisième = Third

Michel est un homme pressé. Il court toujours après **le temps**. **Il a peur** de ne pas voir grandir ses enfants. En effet, il travaille souvent le week-end. Il travaille aussi **le soir**. Il ne peut pas voir ses filles rentrer de l'école. C'est sa femme qui s'occupe d'Alice et Lola le soir.

Le temps = The time
Il a peur = He is afraid
Le soir = The evening

Marianne voudrait que Michel soit plus présent. Il rate beaucoup d'événements importants. Cette année, il n'était pas disponible pour l'**anniversaire** de ses filles. Marianne aimerait au moins qu'il soit présent à l'**accouchement**. Leur petit garçon devrait **naître** la semaine prochaine.

Anniversaire = Birthday
L'accouchement = Childbirth
Naître = Birth

La naissance d'un enfant est un **événement** important. Michel n'est pas sûr d'être présent. Évidemment, il rejoindra Marianne dès que possible. Mais il sera probablement **au travail** à ce moment-là. Alors il craint de rater **ce moment unique**. Il est stressé. Il a peur de ne pas être à la hauteur.

Événement = Event
Au travail = At work
Ce moment unique = This unique moment

Chapitre 2 :

Marianne et Michel **s'aiment** très fort. Mais le couple se dispute souvent en ce moment. La raison ? **L'absence** de Michel à cause de son travail. Ses horaires de travail le privent de beaux moments en famille. Et Marianne a vraiment besoin de lui pour accueillir leur **futur bébé**.

S'aiment (s'aimer) = They love each other (to love)
L'absence = Absence
Futur bébé = Future baby

Contre toute attente, Michel prend une **décision radicale**. Il est loyal et toujours disponible au travail. Mais cette fois-ci, il décide de **prendre du temps pour lui**. Il demande à son patron quelques jours de **vacances**. Il souhaiterait être présent pour sa famille la semaine prochaine.

Décision radicale = Radical decision
Prendre du temps pour lui = Take some time for himself
Vacances = Vacation

Le secteur de la restauration est **en crise** actuellement. En France, il y a un grand manque de personnel. Les **patrons** de restaurant ont des difficultés à recruter. Alors Michel **pense** qu'il n'aura pas le droit de prendre congé. Mais qui ne tente rien n'a rien. Il demande quand même à son patron.

En crise = In crisis
Patrons = Bosses
Il pense (penser) = He thinks (to think)

Le patron de Michel est très satisfait de son **cuisinier**. Il est toujours là quand il a besoin de lui. Il veut le **remercier**. Alors il accepte sa demande de vacances en dernière minute. Normalement, il faut demander ses congés à l'avance. Mais cette fois, le patron est **compréhensif et tolérant**.

Cuisinier = Cook
Remercier = Thankful
Compréhensif et tolérant = Understanding and tolerant

Michel va pouvoir **assister** à la naissance de son enfant ! Sa femme est ravie. Il va même passer **quelques jours** avec ses filles. Il aimerait rattraper le temps perdu. Alice et Lola sont heureuses de partager du temps avec le papa. C'est ce qu'elles attendaient depuis très **longtemps**.

Assister = To attend
Quelques jours = A few days
Longtemps = Long time

Chapitre 3 :

La semaine suivante, Michel emmène ses filles **au cinéma**. C'est la première fois qu'ils vont au cinéma ensemble. Ils vont voir un film de super-héros. C'est le genre de films qu'Alice et Lola préfèrent. Michel achète même du pop-corn pour **faire plaisir** à ses filles.

La semaine suivante = The following week
Au cinéma = To the movies
Faire plaisir = To please

Michel et ses filles quittent la salle à la fin de la séance. En sortant du cinéma, ils voient quelque chose au sol. C'est un simple **bout de papier**. Quelqu'un l'a sûrement laissé tomber par terre. Michel décide de le ramasser pour le jeter à **la poubelle**. Il est très sensible à l'**écologie**.

Bout de papier = Piece of paper
La poubelle = The trash can
Écologie = Ecology

Michel se baisse pour ramasser **le déchet**. Il lit ce qui est inscrit sur le papier. Il s'agit d'un **ticket de loterie**. Il se dirige alors vers la poubelle pour le jeter. Mais lorsqu'il se relève, son téléphone sonne. Marianne s'apprête à accoucher. Il doit la **rejoindre** au plus vite.

Le déchet = Waste
Ticket de loterie = Lottery ticket
Rejoindre = To join

Pas le temps d'aller jusqu'à la poubelle. Il glisse le bout de papier dans **sa poche**. Alice, Lola et Michel **montent** dans la voiture. Ils rejoignent Marianne à l'hôpital. Une tante vient chercher les deux filles. Le bébé va naître **dans quelques minutes**. Marianne et Michel se préparent à cet événement.

Sa poche = His pocket
Montent (monter) = They go up (to go up)
Dans quelques minutes = In a few minutes

Le soir, le couple se retrouve seul avec leur bébé. **Le nouveau-né** s'appelle Arthur. Ils s'installent dans la chambre d'**hôpital**. Tout le monde doit se reposer. Une télévision se trouve en face du lit. Michel allume la télévision. **Le tirage de la loterie** apparaît à l'écran.

Le nouveau-né = The newborn
Hôpital = Hospital
Le tirage de la loterie = The lottery draw

Chapitre 4 :

Marianne et le petit Arthur **dorment** profondément. Michel se souvient alors de **sa matinée**. Il avait ramassé un bout de papier en sortant du cinéma. C'était un ticket de loterie. Il se rappelle l'avoir glissé dans sa poche. Il décide alors de le chercher :

- "**On ne sait jamais…**", chuchote Michel.

Dorment (dormir) = They sleep (to sleep)
Sa matinée = His morning
On ne sait jamais = We never know

Michel saisit son ticket de loterie. Il cherche **les numéros** qui y sont inscrits. Pendant ce temps, **la présentatrice** annonce le gain. Un million d'euros sont à remporter ce soir. Ça y est. Le tirage touche à sa fin. Tous les numéros gagnants sont dévoilés. Michel **vérifie** plusieurs fois.

Les numéros = The numbers
La présentatrice = The presenter
Vérifie (vérifier) = Check (to check)

Il n'en revient pas. Sa vie vient de changer. **Son ticket est gagnant**. Tous les numéros tirés figurent sur son ticket. **Il n'en croit pas ses yeux**. Il vérifie une nouvelle fois. Cette situation lui semble irréelle. Dans la vie, Michel ne pense pas être **chanceux**. Il n'a jamais rien gagné.

Son ticket est gagnant = His ticket is a winner
Il n'en croit pas ses yeux = He can't believe his eyes
Chanceux = Lucky

Michel aimerait pouvoir **éclater de joie**. Mais il ne veut pas réveiller Marianne. Il souhaite qu'elle se repose avec leur bébé, Arthur. Il décide de garder le secret jusqu'au **lendemain matin**. **La nuit** s'annonce agitée. Il ne va probablement pas dormir. Il rêvera sûrement de sa nouvelle vie.

Éclater de joie = To burst with joy
Lendemain matin = The next morning
La nuit = The night

Michel a travaillé dur ces dernières années. Il a été loyal et investi dans son travail. Maintenant, c'est à son tour de profiter. Il va enfin pouvoir passer du temps avec Marianne, Alice, Lola et le petit Arthur. Michel se souvient alors du proverbe préféré de son père : "Dans la vie, la roue finit toujours par tourner".

Passer du temps = To spend time
La roue finit toujours par tourner = The wheel always turns in the end (meaning "Luck changes sides")

Histoire 4 : Une nouvelle vie à l'étranger

Chapitre 1 :

Marie a 20 ans. Elle a de longs **cheveux bruns**. Elle préfère les avoir attachés. C'est une jeune femme **sportive**. Elle pratique **le football** depuis ses 6 ans. Le ballon rond, c'est sa passion. D'ailleurs, elle joue au football tous les week-ends. Elle fait aussi du sport deux fois par semaine.

Cheveux bruns = Brown hair
Sportive = Sporty
Le football = Soccer

Marie est **étudiante en psychologie**. Elle étudie à la faculté de psychologie de Marseille. Elle a suivi un parcours scolaire classique. Elle a obtenu son **baccalauréat** à Paris. Ensuite, elle est partie vivre dans le sud de la France pour étudier. Ses études lui permettent de devenir **psychologue**.

Étudiante en psychologie = Student in psychology
Baccalauréat = Bachelor's degree
Psychologue = Psychologist

Elle a hâte de pouvoir **travailler**. Elle est contente de devenir psychologue. Marie aime **aider** les gens. Mais ce n'était pas son rêve d'enfant. Petite fille, elle rêvait de **devenir** footballeuse professionnelle. C'était une drôle de carrière pour une petite fille. Personne ne croyait en elle.

Travailler = To work
Aider = To help
Devenir = To become

Alors elle a décidé d'abandonner son rêve. Elle a beaucoup travaillé à l'école. C'était **une élève brillante**. Aujourd'hui encore, elle fait partie des meilleurs étudiants de sa faculté. Marie a gagné de **nombreux** prix à l'université. Elle a même été sélectionnée pour **un voyage à l'étranger**.

Une élève brillante = A brilliant student
Nombreux = Many
Un voyage à l'étranger = A trip abroad

Il ne reste qu'une année d'études à Marie. Ensuite, elle sera psychologue. Elle est ravie d'avoir gagné ce voyage. Il lui permet de faire **sa dernière année** dans un autre **pays**. Marie n'a jamais eu l'occasion de voyager. Alors elle veut vraiment saisir cette **opportunité**.

Sa dernière année = Her last year
Pays = Country
Opportunité = Opportunity

Chapitre 2 :

Le grand jour **approche**. Marie part finir ses études à l'étranger dans trois semaines. Elle a pu sélectionner le pays de son choix. Alors elle a décidé de partir au Canada. Ce pays l'attire pour sa culture et ses incroyables **paysages**. Elle a aussi envie de se **rapprocher** des Etats-Unis.

Approche (approcher) = Approach (approaching)
Paysages = Landscapes
Rapprocher = To bring closer

Partir au Canada lui permettra de **découvrir** une nouvelle culture. Elle a hâte de changer d'environnement. Habituée aux **températures** chaudes de Marseille, elle appréhende un peu. L'hiver, il fait souvent très **froid** au Canada. Mais il suffit d'y être bien préparé.

Découvrir = To discover
Températures = Temperatures
Froid = Cold

L'excitation est plus forte que le stress. La veille du départ, Marie a déjà tout préparé. Elle ne part qu'avec **une seule valise**. Dedans se trouvent quelques affaires personnelles. Et bien sûr, sa tenue de football préférée. Marie ne peut pas se passer de sport. Elle compte **pratiquer** le football au Canada.

L'excitation = Excitement
Une seule valise = One suitcase
Pratiquer = To practice

Le lendemain, Marie monte **dans l'avion**. Le trajet est long. Mais après presque 8 heures de vol, elle arrive à Montréal. Tout s'est bien passé. Elle n'a plus qu'à s'installer dans sa nouvelle ville. **Son appartement** est déjà réservé. Elle avait tout prévu lorsqu'elle était encore en France.

Le lendemain = The next day
Dans l'avion = On the plane
Son appartement = His apartment

Son appartement se situe **à côté de** l'université de Montréal. Elle peut aller en cours à pied. **Un terrain de sport** se situe à proximité. Ici, les terrains de sport se trouvent à l'intérieur. L'hiver, **il fait trop froid** pour faire du sport à l'extérieur. Marie est ravie de son nouveau lieu de vie.

À côté de = Next to
Un terrain de sport = A sports field
Il fait trop froid = It's too cold

Chapitre 3 :

Quelques semaines plus tard, Marie est déjà bien intégrée. Elle s'est fait **beaucoup d'amis**. Elle est ravie d'avoir choisi le Canada. Il y a toujours quelque chose à faire **dans la ville** de Montréal. Elle s'est même inscrite au club de football de son université. C'est **une équipe** de football composée d'étudiants.

Beaucoup d'amis = Many friends
Dans la ville = In the city
Une équipe = A team

Elle **s'entraîne** plusieurs fois par semaine pour être au meilleur niveau. Il y a des rencontres inter-universitaires tous les week-ends. Son équipe gagne beaucoup de matchs. Marie est **l'une des meilleures joueuses de son équipe**. Ses coéquipiers l'apprécient pour **son talent** et son fair-play.
S'entraîne (s'entraîner) = Train (to train)
L'une des meilleures joueuses = One of the best players
Son talent = Her talent

Concernant **les études**, Marie a de moins bonnes notes cette année. Elle consacre moins de temps à étudier. Elle préfère découvrir la ville et jouer au football. Le soir, elle ne prend pas le temps de réviser. Elle va à **la salle de sport** pour s'entraîner. Ensuite, elle passe du temps avec **ses nouveaux amis**.

Les études = Studies
La salle de sport = The gym
Ses nouveaux amis = Her new friends

Montréal est une ville très **dynamique**. Il y a souvent des **concerts**, des festivals et des spectacles. Les gens sont toujours de bonne humeur. Ils adorent s'amuser. Ce sont **des personnes très chaleureuses**. On en oublierait même le froid glacial de l'hiver au Canada.

Dynamique = dynamic
Concerts = Concerts
Des personnes très chaleureuses = Very warm people

Marie se sent très bien au Canada. La France lui manque un peu mais elle aimerait **rester** ici. Elle sait qu'elle devra rentrer à Marseille **bientôt**. Elle rentrera dès qu'elle aura fini ses études à l'université. Elle sera alors diplômée en psychologie. Elle ouvrira son propre **cabinet** de psychologie à Marseille.

Rester = To stay
Bientôt = Soon
Cabinet = Cabinet

Chapitre 4 :

Les examens de fin d'année approchent. Marie doit avoir une note supérieure à la moyenne pour obtenir son diplôme. La moyenne, c'est une note de 10/20. Si sa note est **inférieure**, Marie rate son année. Mais la jeune étudiante n'a pas beaucoup **travaillé** cette année.

Les examens = Examinations
Inférieure = Lower
Travaillé (travailler) = Worked (to work)

Elle a parfois manqué des cours. Elle a consacré **la majorité de son temps au football**. D'ailleurs, elle a beaucoup progressé au football. C'est clairement **la meilleure joueuse** de son équipe. Beaucoup pensent qu'elle aurait pu être joueuse de football professionnelle. Malheureusement, Marie se destine à **une autre carrière**.

La majorité de son temps = The majority of her time
La meilleure joueuse = The best player
Une autre carrière = Another career

Aujourd'hui, Marie joue **son dernier match** de football. Si son équipe remporte le match, elle gagne le championnat universitaire. Mais aujourd'hui, c'est aussi **l'annonce des résultats** de fin d'études. Marie va enfin savoir si elle a obtenu **son diplôme** ou si elle est recalée. C'est une journée très stressante.

Son dernier match = His last game
L'annonce des résultats = The announcement of the results
Son diplôme = Her diploma

Bonne nouvelle : l'équipe de football de Marie remporte le match. Elle remporte **un joli trophée**. Mais une mauvaise nouvelle vient ternir ce moment de joie. Marie se connecte sur son téléphone pour voir ses résultats. Là, elle apprend qu'**elle a raté son année**. Son diplôme de psychologue lui échappe.

Bonne nouvelle = Good news
Un joli trophée = A nice trophy
Elle a raté son année = She missed her year

Marie fond en larmes. Mais, alors que les larmes coulent sur **ses joues**, un homme s'approche d'elle :

- "Marie, j'ai eu la chance de vous voir jouer au football. Je suis **entraîneur de l'équipe** de football du Québec. Voulez-vous en faire votre métier ?", dit-il.

Marie fond en larmes = Marie bursts into tears
Ses joues = Her cheeks
Entraîneur de l'équipe = Coach of the team

La jeune femme n'y croit pas ses yeux. **Un célèbre entraîneur** de football vient de lui parler. Une nouvelle opportunité s'ouvre à elle. Marie va enfin pouvoir **réaliser son rêve** de petite fille.

Un célèbre entraîneur = A famous trainer
Réaliser son rêve = To accomplish your dream

Histoire 5 : Un pianiste à l'hôpital

Chapitre 1 :

Paul est un petit garçon de 6 ans. Il a des cheveux bruns et **une mèche sur le front**. Il est plus petit que tous ses copains. Paul a **une petite sœur**, Lucie. Sa maman et son papa vivent dans une maison. La maison se trouve à **la campagne**. Il y a un pré avec des chevaux juste à côté.

Une mèche sur le front = A lock on the forehead
Une petite sœur = A little sister
La campagne = The countryside

Comme tous les enfants de son âge, **Paul va à l'école**. Il aime l'école. C'est même un bon élève. Son professeur dit qu'il est très sérieux. Mais ce que Paul préfère, c'est **la récréation**. Il a beaucoup de copains. Alors il aime jouer avec eux dans la cour de récréation.

Paul va à l'école = Paul goes to school
La récréation = Playtime

Le basketball est **le sport préféré** de Paul. Mais le petit garçon aime aussi **faire du vélo**. Il aimerait devenir cycliste professionnel quand il sera grand. Cette idée vient peut-être de son père. Franck est le père de Paul. Lorsqu'**il était jeune**, il pratiquait le cyclisme en compétition.

Le sport préféré = Favorite sport
Faire du vélo = To ride a bike
Il était jeune = He was young

Le problème, c'est que Paul n'est pas très **courageux**. Il n'aime pas **les obstacles** quand il roule à vélo. Il a peur de tomber lorsque **la descente est trop raide**. Alors il préfère rouler sur la route située devant sa maison.

Courageux = Brave
Les obstacles = The obstacles
La descente est trop raide = The descent is too steep

C'est **une petite route** de campagne. Ce n'est pas très **dangereux**. Il n'y a pas beaucoup de voitures. Paul fait souvent du vélo avec ses copains. D'ailleurs, ses meilleurs copains le rejoignent ce soir après l'école. Paul se réjouit déjà. C'est l'été, le soleil brille encore **le soir**. Ils vont beaucoup s'amuser.

Une petite route = A small road
Dangereux = Dangerous
Le soir = In the evening

Chapitre 2 :

Le soir venu, **deux copains** rejoignent Paul. Ils se retrouvent devant la maison du petit garçon. Sa maman, Amélie, les surveille par **la fenêtre**. Jules et Lucas vont dans la même école que Paul. Tous les trois jouent souvent ensemble. Ils ont l'habitude de faire du vélo ici **après l'école**.

Deux copains = Two friends
La fenêtre = The window
Après l'école = After school

Mais ce soir, c'est un peu différent. Jules et Lucas en ont marre de faire du vélo devant la maison de Paul. **Ils veulent s'en éloigner.** Ils veulent vivre de nouvelles aventures à vélo. Paul, un peu peureux, refuse de les suivre. Il n'a pas le droit de s'éloigner. Il a peur de **décevoir** ses parents.

Ils veulent s'en éloigner = They want to get away from it
Décevoir = To disappoint

Jules et Lucas **insistent**. Si Paul ne les suit pas, ils ne viendront plus jouer avec lui. Paul se sent alors obligé de les suivre. **Il a peur.** Les trois garçons se dirigent vers la grande place du village. Ils roulent sur la route principale à vélo. Sur cette route, il y a beaucoup de **circulation**.

Insistent (insister) = They insist (to insist)
Il a peur = He is afraid
Circulation = Circulation

Ce qui devait arriver arriva. Jules, Lucas et Paul **roulent** sur la route avec leurs **petits vélos**. Une voiture passe à toute vitesse. Paul perd l'équilibre. Il tombe lourdement sur la chaussée. Le bitume est **brûlant**. Paul ne répond plus.

Roulent (rouler) = They roll (to roll)
Petits vélos = Small bikes

Brûlant = Burning

C'est **le bruit des sirènes** qui réveille le petit garçon. Il est entouré de **pompiers**. La police est présente sur les lieux. Ses parents arrivent en panique. Paul est installé sur le brancard. Le soleil se couche. Les portes de **l'ambulance** se referment brusquement.

Le bruit des sirènes = The sound of the sirens
Pompiers = Firemen
L'ambulance = The ambulance

Chapitre 3 :

Le lendemain matin, Paul **se réveille** sur un lit d'hôpital. Ses parents ont dormi près de lui. **Il fait froid** dans la chambre. Les murs sont blancs. Il n'y a pas encore de bruit. Le jeune garçon se met à pleurer. Sa jambe lui fait très mal. Elle est cassée. **Le chirurgien** doit l'opérer dans la journée.

Se réveiller = To wake up
Il fait froid = It's cold
Le chirurgien = The surgeon

À 16h, l'opération est terminée. Ses amis viennent lui rendre visite. Il va mieux mais **sa jambe** est toujours **douloureuse**. Jules et Lucas lui offrent une peluche. C'est un panda qui joue du piano. Paul sourit. **L'infirmière** lui a dit qu'un piano se trouve dans le hall de l'hôpital.

Sa jambe = His leg
Douloureuse = Painful
L'infirmière = The nurse

Les **rendez-vous** avec le médecin s'enchaînent. D'après lui, Paul mettra plusieurs mois pour se rétablir. Sa **blessure** est plus grave que prévue. Il doit encore rester à l'hôpital pendant plusieurs semaines. Seul dans sa chambre d'hôpital, il se met à **pleurer**. Paul se dit qu'il ne fera plus jamais de vélo.

Rendez-vous = Appointment
Blessure = Injury
Pleurer = To cry

Pour l'occuper, l'infirmière installe Paul dans **un fauteuil roulant**. Elle l'accompagne jusqu'au hall d'entrée de l'hôpital. Là, se trouve un piano. Paul n'a jamais joué de piano. L'infirmière **installe** son fauteuil en face des touches du piano. Paul s'amuse. Il essaye de jouer **son premier morceau.**

Un fauteuil roulant = A wheelchair
L'infirmière installe (installer) = The nurse settles (to settle)
Son premier morceau = His first piece

Par chance, l'infirmière sait très bien jouer du piano. Elle lui **apprend** ses morceaux préférés. Paul demande à retourner au piano **tous les jours**. C'est le moment de la journée qu'il préfère. **Sérieux et patient**, il progresse rapidement. Désormais, il sait jouer un morceau en entier.

Apprend (apprendre) = Learn (to learn)
Tous les jours = Every day
Sérieux et patient = Serious and patient

Chapitre 4 :

Franck et Amélie viennent **régulièrement** rendre visite à leur fils. **Ils sont surpris** par le talent de Paul. Ils n'en reviennent pas. En quelques jours, Paul sait déjà jouer plusieurs morceaux au piano. Et le jeune garçon adore ça. Il a hâte de retrouver le piano de l'hôpital **chaque après-midi**.

Régulièrement = Regularly
Ils sont surpris = They are surprised
Chaque après-midi = Every afternoon

Rapidement, Paul est devenu **une star** à l'hôpital. Les autres enfants hospitalisés viennent souvent l'**écouter**. Il manquait de la gaieté dans cet hôpital. Les mélodies de Paul sont pleines de joie. Elles apportent de la douceur et de **l'espoir** à ceux qui n'en avaient plus.

Une star = A star
Écouter = To listen
L'espoir = Hope

Le mardi suivant, Paul peut enfin rentrer à la maison. Étonnamment, il est triste de quitter l'hôpital. Il n'a pas de piano à la maison. Il aurait voulu rester pour continuer à **jouer de la musique**. Le piano est devenu une véritable **passion**.

Le mardi suivant = The following Tuesday
Jouer de la musique = To play music
Passion = Passion

Franck et Amélie ont **une surprise** pour le jeune garçon. Lorsque Paul ouvre la porte de sa maison, il voit un piano. C'est **un cadeau** de la part de ses parents. Ils veulent l'encourager à jouer de la musique. Paul n'en croit pas ses yeux. Il est tellement **heureux**.

Une surprise = A surprise
Un cadeau = A gift
Heureux = Happy

Le jeune garçon **remercie** ses parents pour cet incroyable cadeau. Il va pouvoir jouer du piano à la maison. Mais Paul n'oublie pas tous ces moments passés à l'hôpital :

- "Je vais m'**entraîner** à la maison. Ensuite, je retournerai jouer du piano pour les enfants de l'hôpital. **C'est promis**.", dit-il.

Remercie (remercier) = He thanks (to thank)
Entraîner = To train
C'est promis = I promise

Histoire 6 : Crise sanitaire et renouveau

Chapitre 1 :

Je m'appelle Pierre. **Je viens de fêter** mes 38 ans. Je suis **ingénieur** depuis une dizaine d'années. L'entreprise dans laquelle je travaille est mondialement connue. C'est un laboratoire de recherche qui fabrique des médicaments. J'y occupe actuellement **un poste à responsabilité.**

Je viens de fêter = I just celebrated
Ingénieur = Engineer
Un poste à responsabilité = A position of responsibility

C'est **mon parcours scolaire** qui m'a permis d'obtenir ce poste. Enfant, j'ai toujours été très bon à l'école. Étudiant, je faisais partie des meilleurs de mon université. Je n'ai pas eu de difficulté à trouver **mon premier emploi**. Mon entreprise actuelle m'a embauché rapidement. Je venais d'obtenir mon diplôme d'ingénieur.

Mon parcours scolaire = My school career
Mon premier emploi = My first job

Mon travail consiste à **développer** des machines. Ce sont des machines qui permettent aux chercheurs de travailler. Elles permettent d'**analyser** les molécules. Selon le résultat de l'analyse, ces molécules seront intégrées dans les **médicaments**. L'objectif est de soigner les nouvelles maladies. C'est un travail intéressant.

Développer = To develop
Analyser = To analyze
Médicaments = Drugs

Malheureusement, je n'ai pas beaucoup de temps libre. Lorsque je ne travaille pas, je suis le plus souvent à la maison. J'en profite pour me **reposer** un peu. Je vis seul dans ma maison. La présence d'une compagne me manque parfois. Mais je n'ai pas le temps de **rencontrer** quelqu'un. Je passe la plupart de mon temps au travail.

Malheureusement = Unfortunately
Reposer = To rest
Rencontrer = To meet

J'ai un très bon **salaire**. J'ai donc pu m'offrir une belle maison. Il y a un grand jardin et **une piscine**. A l'intérieur, il y a une grande télévision, trois chambres et deux salles de bain. La cuisine est ouverte sur le salon. Je suis ravi de vivre dans cette maison. Mais elle a un **inconvénient**. Elle est un peu grande pour moi tout seul.

Salaire = Salary
Une piscine = A pool
Inconvénient = Disadvantage

Chapitre 2 :

Nous sommes le 16 mars 2022. Cela fait **plusieurs semaines** que l'on parle de crise sanitaire. Aujourd'hui, le Président de la République a annoncé un confinement. Cela veut dire que nous devons tous rester à la maison. Ce confinement commence dès demain. Je ne peux donc plus aller travailler au bureau.

Plusieurs semaines = Several weeks

En ce premier jour de confinement, tout va bien. Je peux travailler grâce au **télétravail**. J'ai aménagé un bureau à la maison. Il y a **un grand écran** d'ordinateur, une webcam et une chaise de bureau confortable. J'ai même accès à **la machine à café** toute la journée.

Télétravail = Remote working
Un grand écran = A big screen
La machine à café = The coffee machine

Moi, je trouve ce confinement plutôt pratique. Je ne perds plus de temps dans **les transports en commun** le matin. Mais lorsque je regarde les informations, je vois que le monde est à l'arrêt. Cette situation est très difficile à vivre pour certains. Je ne sais pas combien de temps cela va **durer**.

Les transports en commun = Public transport
Durer = To last

Au bout de cinq jours de confinement, **je me sens seul**. De plus en plus seul. Mes collègues sont à la maison avec leur femme et leurs enfants. Moi, je n'ai personne à mes côtés. Je n'ai plus aucun contact social. Je tourne en rond. Je me plonge dans le travail pour ne pas **m'ennuyer**.

Je me sens seul = I feel lonely
M'ennuyer = Be bored

La solitude est difficile à vivre. Ce n'est que maintenant que je m'en rends compte. Avant, le travail occupait mes journées. Je n'avais pas le temps de penser à moi. Ni aux autres. Mais désormais, je réalise à quel point c'est important d'avoir quelqu'un à ses côtés.

La solitude = Loneliness

Chapitre 3 :

C'est décidé, je dois redéfinir mes priorités. Le travail, c'est important. L'argent, ça compte aussi. Mais il y a d'autres choses importantes dans la vie. **Ce qui compte**, c'est de **vivre des expériences**. Et de partager ces expériences avec quelqu'un. **Le bonheur** se partage.

Ce qui compte = What matters
Vivre des expériences = To live experience
Le bonheur = Happiness

Le confinement touche enfin à sa fin. Il m'a semblé interminable.

C'était difficile pour moi de rester seul à la maison. Mais ce confinement m'aura au moins appris quelque chose : le temps n'est pas infini. Je dirais même qu'il passe vite. Alors il ne faut pas attendre pour **vivre ses rêves**.

Vivre ses rêves = To live your dreams

Il faut croquer la vie à pleines dents. Il faut profiter de chaque instant, sans regrets. C'est ce que je veux faire à partir de maintenant. C'est décidé. Je ne veux plus me noyer dans le travail. Je veux penser à moi. Je veux prendre le temps.

Il faut croquer la vie à pleines dents = You have to live life to the fullest

Je veux vivre de beaux moments. Et ces moments, j'aimerais pouvoir les partager. À bientôt 40 ans, il est temps de **fonder une famille**. Je souhaiterais **avoir des enfants**. Je voudrais qu'il y ait de la joie et de la vie dans ma maison. Mais pour cela, je dois prendre du temps pour moi.

Fonder une famille = To start a family
Avoir des enfants = To have children

J'ai toujours cru que réussir sa vie signifiait avoir un bon travail. Aujourd'hui, je me rends compte que c'est faux. Je me suis trompé. Réussir sa vie, c'est être heureux avant tout. Peut importe le niveau d'études, la carrière professionnelle et le salaire.

Chapitre 4 :

Le mercredi suivant, la France se réveille. Le confinement touche à sa fin. Les gens retournent au travail. Il est à nouveau possible d'aller travailler au bureau. Moi aussi, **je retourne au bureau**. Mais cette fois, tout est différent. Ce n'est pas pour aller travailler. Je vais déposer **ma lettre de démission**.

Le mercredi suivant = The following Wednesday

Je retourne au bureau = I'm going back to the office
Ma lettre de démission = My resignation letter

Mon patron m'accueille dans son bureau. Il me demande pourquoi je souhaite lui parler. Je lui explique tout. Il me répond :

- "Pierre, j'ai toujours su qu'il te manquait quelque chose pour être heureux. Tu es l'un des meilleurs ingénieurs dans **l'entreprise**. Pourtant, ta décision ne me surprend pas. Fais ce qu'il y a de bon pour toi."

Mon patron = My boss
L'entreprise = The company

Je quitte son bureau convaincu d'avoir fait le bon choix. Je récupère toutes mes affaires. Je salue une dernière fois tous **mes collègues**. Après dix années passées ensemble, cet au revoir est difficile. Mais je ne regrette rien. Je crois que je suis prêt pour **une nouvelle vie**.

Mes collègues = My colleagues
Une nouvelle vie = A new life

De retour chez moi, je m'effondre sur le canapé. Je réalise à peine que je viens de claquer la porte. Je **quitte** définitivement mon emploi. Est-ce vraiment **la bonne décision** ? Seul l'avenir me le dira.

Je quitte (quitter) = I leave (to leave)
La bonne décision = The right choice

Dans mon élan, j'allume l'ordinateur. Je me connecte sur le site d'**une compagnie aérienne**. J'ai besoin de partir loin. Je veux passer quelques mois en immersion à l'autre bout du monde. Je clique sur le bouton pour **acheter mon billet**. Un message s'affiche sur l'écran : "Votre achat est validé. **Bienvenue au Pérou**."

Une compagnie aérienne = An airline

Acheter mon billet = Buy my ticket
Bienvenue au Pérou = Welcome to Peru

Histoire 7 : L'aristocrate et le jardinier

Chapitre 1 :

Joséphine a 54 ans. C'est une femme grande et plutôt **mince**. Ses cheveux noirs sont **raides** et très longs. Ils lui arrivent jusqu'au bas du dos. Elle les attache souvent en tresse. Joséphine aime **se maquiller**. Elle porte tous les jours du rouge à lèvres. Ses yeux sont soulignés par un épais trait noir.

Mince = Thin
Raides = Stiff
Se maquiller = To make up

Joséphine ne travaille pas. Elle n'a pourtant pas l'âge d'être à la retraite. En fait, elle a hérité de **la fortune** de son père. Son père était un célèbre **aristocrate** français. Sa famille possède de nombreuses propriétés. Parmi ces propriétés, il y a trois immenses maisons et un **château**.

La fortune = Fortune
Aristocrate = Aristocrat
Château = Castle

C'est Joséphine qui a hérité de ce château. Elle y vit **actuellement**. Ce magnifique château comporte 9 chambres. Il y a une grande pièce à vivre. Dans la pièce à vivre se trouvent six **fauteuils en velours**. Ils sont situés juste en face d'une incroyable **cheminée**. Joséphine vit seule dans cet immense château.

Actuellement = Currently
Fauteuils en velours = Velvet armchairs
Cheminée = Fireplace

Autour du **bâtiment** principal, il y a un domaine avec un vignoble. Cela demande beaucoup d'entretien. Alors ce sont des jardiniers qui s'en occupent. Les **jardiniers** viennent trois fois par semaine. Ils entretiennent l'immense jardin puis ils s'en vont. Joséphine n'aime pas qu'ils restent trop **longtemps** chez elle.

Bâtiment = Building
Jardiniers = Gardeners
Longtemps = Long time

Pour occuper son temps, Joséphine **se promène** souvent. Comme elle vit seule, elle à l'habitude de la solitude. Alors elle s'occupe en observant **les animaux**. Il y a souvent des biches dans le domaine. Elle cueille aussi les fleurs de son jardin. Ensuite, elle décore le château avec ses jolis **bouquets de fleurs**.

Joséphine se promène = Josephine goes for a walk
Les animaux = Animals
Bouquets de fleurs = Bunch of flowers

Chapitre 2 :

En ce matin d'octobre, Joséphine va se promener. Il est 9h. Elle ne change pas ses **habitudes**. Tous les matins, elle marche autour du château. Même en hiver. C'est sa balade **quotidienne**. Aujourd'hui, il fait beau dehors. Les températures d'**automne** sont fraîches. Mais le soleil brille. C'est très agréable.

Habitudes = Habits
Quotidienne = Daily
Automne = Fall

En faisant le tour du château, elle croise les jardiniers. Ils sont trois. Elle les salue. Ils ont commencé à travailler tôt ce matin. D'habitude, ils arrivent en **début d'après-midi**. Les jardiniers ramassent **les feuilles**. Il y a beaucoup de feuilles qui tombent **des arbres** au mois d'octobre.

Début d'après-midi = Early afternoon
Les feuilles = Leaves
Des arbres = Trees

Joséphine se dit qu'il y a peut-être des **champignons**. Après tout, c'est la période idéale. Elle se dirige vers la forêt qui se trouve à quelques pas du château. C'est une toute petite **forêt**. Il est impossible de s'y perdre. Alors Joséphine va y faire un tour. Elle espère trouver des champignons. Elle serait ravie de les cuisiner pour le **repas de midi**.

Champignons = Mushrooms
Forêt = Forest
Repas de midi = Lunch

Joséphine fait le tour de la forêt. Elle ne trouve rien. Après quelques minutes, elle aperçoit un petit **amas de feuilles**. Elle pense qu'il peut **cacher** des champignons. Elle s'avance, confiante. Soudain, elle tombe dans **un trou**. Elle ne sait pas ce qui lui arrive. Elle n'a rien vu venir.

Amas de feuilles = Cluster of leaves
Cacher = To hide
Un trou = A hole

En fait, cet amas de feuilles est un piège posé par **les chasseurs**. Il permet d'attraper **des animaux**. Malheureusement, c'est Joséphine qui est capturée dans le piège. **Sa jambe est coincée** dedans. Elle ne parvient pas à en ressortir. Alors elle crie aussi fort que possible.

Les chasseurs = Hunters
Des animaux = Animals
Sa jambe est coincée = Her leg is stuck

Chapitre 3 :

Au même moment, les jardiniers ramassent les feuilles devant le château. L'un deux utilisent un **râteau**. Les deux autres utilisent un outil qui fait beaucoup de bruit. Cet outil sert à **souffler** les feuilles pour les regrouper. Avec tout ce bruit, ils n'entendent pas **les cris** de Joséphine.

Râteau = Rake
Souffler = To blow
Les cris = The screams

Une heure plus tard, les jardiniers ont enfin terminé. Ils rangent **leur matériel et leurs outils**. Ils décident de faire **une pause**. Joséphine ne leur sert jamais de café. Elle n'aime pas que des inconnus entrent dans son château. Alors les jardiniers font une pause dans leur **camionnette**.

Leur matériel et leurs outils = Their equipment and tools
Une pause = A break
Camionnette = Pickup truck

Au moment de rentrer dans la camionnette, l'un des jardiniers croit **entendre** quelque chose. Il s'appelle Simon. Il vient d'entendre les cris de Joséphine. Il trouve cela très **bizarre**. Simon est le plus gentil des jardiniers. Il est toujours prêt à **aider**. Alors il essaye de trouver d'où proviennent les cris.

Entendre = To hear
Bizarre = Weird
Aider = To help

Simon tend **l'oreille**. Il se dirige vers la forêt. Le bruit semble venir d'ici. Au loin, il voit quelque chose bouger. C'est sûrement un animal de la forêt. Alors il avance **doucement**. Mais lorsqu'il s'approche, il découvre autre chose. Il voit Joséphine allongée au sol. Sa jambe est coincée dans **le piège**.

L'oreille = The ear
Doucement = Softly
Le piège = The trap

Joséphine est soulagée de voir Simon. Enfin **quelqu'un** lui vient en aide. Simon retourne à la camionnette pour chercher ses outils. Quand il revient, il parvient à **libérer** la jambe de Joséphine. Heureusement, sa jambe n'est pas blessée. Plus de **peur** que de mal.

Quelqu'un = Someone
Libérer = To free
Peur = Fear

Chapitre 4 :

Simon et Joséphine rentrent au château. **Joséphine réalise** à peine ce qui vient de se passer. Le jardinier qu'**elle méprisait** lui est venu en aide. Elle ne lui a jamais offert le café. Elle pensait qu'il n'était qu'un **ouvrier** pauvre et inculte. Elle ne le trouvait pas intéressant.

Joséphine réalise (réaliser) = Josephine realizes (to realize)
Elle méprisait (mépriser) = She despised (to despise)
Ouvrier = Worker

Grâce à cette **mésaventure**, Joséphine se rend compte qu'elle s'est trompée. Il ne faut jamais **juger** les gens sans les connaître. Alors elle veut réparer ses erreurs. Pour cela, elle invite Simon et les deux autres jardiniers dans son château. Elle leur offre **un café**. C'est la toute première fois que cela se produit.

Mésaventure = Misadventure
Juger = To judge
Un café = A coffee

Les trois jardiniers doivent bientôt partir. Joséphine est ravie d'avoir pu les **rencontrer**. Son **jugement** a changé. Elle trouve qu'ils sont gentils et intelligents. Simon est un véritable **coup de cœur** pour Joséphine. Elle voudrait partager plus qu'un café avec lui.

Rencontrer = To meet
Jugement = Judgment
Un coup de cœur = A crush

Mais Simon doit **rentrer**. Lorsqu'il sort du château, Joséphine lui tend un **morceau de papier**. Sur ce papier se trouve son numéro de téléphone. Il y a aussi un petit mot : "Rappelez-moi si le coup de cœur est **réciproque**.".

Rentrer = To go home
Morceau de papier = Piece of paper
Réciproque = Reciprocal

Le soir venu, Joséphine se retrouve à nouveau seule dans son **immense** château. Elle s'installe sur l'un des fauteuils en velours. Elle repense à sa journée. Soudain, son **téléphone** se met à sonner. Elle décroche. C'est Simon, le jardinier qui l'a sauvée **ce matin**…

Immense = Huge
Téléphone = Phone
Ce matin = This morning

Histoire 8 : Un rêve de petite fille

Chapitre 1 :

Je m'appelle Laura. J'ai 22 ans. J'habite à Strasbourg. C'est une grande ville **au nord-est** de la France. Je vis avec Max, mon fiancé, dans un appartement. J'ai un chat. Il s'appelle Flocon. Il porte ce **prénom** car il est tout blanc, comme un **flocon de neige**.

Au nord-est = Northeast
Prénom = First name
Flocon de neige = Snowflake

Flocon est un chat que nous avons **sauvé**. Je l'ai trouvé il y a quelques mois en bas de mon **immeuble**. Il se trouvait dans une boîte en carton. Il avait faim et froid. Alors j'ai décidé de le prendre avec moi. Je l'ai emmené dans mon **appartement**. Il s'est rapidement réchauffé.

Sauvé (sauver) = Saved (to save)
Un immeuble = A building
Mon appartement = Her apartment

Mon **fiancé** est coach sportif. Lorsqu'il est rentré du travail, il a vu le chaton dans l'appartement. Je lui ai tout raconté. Il m'a répondu :

- "Laura, tu ne peux vraiment pas t'**empêcher** d'aider les autres. Hier tu as soigné notre **voisine** blessée. Aujourd'hui tu as sauvé un chaton.", dit Max.

Fiancé = Engaged
Empêcher = To prevent
Voisine = Neighbor

Max avait raison. Il y a quelque chose en moi qui me pousse à aider les autres. C'est le cas depuis toujours. Lorsque j'étais enfant, je voulais devenir **pompier**. C'était mon rêve de petite fille. J'avais envie de me rendre utile à la société. Je n'avais peur de rien. Je voulais simplement aider les gens **à se sentir mieux**.

Max avait raison = Max was right
Pompier = Fireman
À se sentir mieux = To feel better

Aujourd'hui, je suis **assistante de direction**. Je travaille dans une grande entreprise. Je gère toutes les **procédures administratives**. C'est un travail intéressant. Mais souvent, les tâches sont répétitives. Et ça, c'est **ennuyant**. Parfois, je me dis que je ne fais pas le bon métier. Je le sais au fond de moi. Ce n'est pas le métier qui me correspond.

Assistante de direction = Executive assistant
Procédures administratives = Administrative procedures
Ennuyant = Boring

Chapitre 2 :

Nous sommes le jeudi 20 janvier. Comme **tous les jours**, je vais au travail. Mon lieu de travail se situe à un kilomètre de mon appartement. J'y vais à pied. C'est **inutile** de prendre le bus. Au travail, je suis assise devant mon bureau toute la journée. Alors je préfère marcher, même s'**il fait froid dehors**.

Tous les jours = Every day
Inutile = Useless
Il fait froid dehors = It's cold outside

Ce matin, **il neige**. Sous la neige, il y a **du verglas**. Le sol est glissant. Je dois faire attention pour ne pas tomber. Tout le monde se déplace avec prudence. Les voitures roulent lentement. Au loin, je vois une vieille dame **au sol**. Tout s'accélère soudainement. Je cours vers cette femme. J'essaye de ne pas tomber.

Il neige = It's snowing
Du verglas = Ice

Au sol = On the ground

J'arrive près de la dame. Elle est couchée au sol, **en pleine rue**. J'essaye de lui parler. Elle ne me répond pas. Je regarde si elle respire. Elle ne respire pas. Je vérifie si **son cœur** bat. Il ne bat pas. Je me rappelle alors des gestes qui sauvent. Je commence à effectuer **un massage cardiaque**.

En pleine rue = In the street
Son cœur = Her heart
Un massage cardiaque = A cardiac massage

Les passants qui se trouvent à côté de moi appellent les secours. Pendant ce temps, je continue le massage cardiaque. Il faut appuyer fort sur le thorax. **Les pompiers** arrivent en quelques minutes seulement. Ils prennent le relais. J'ai l'impression que la femme **bouge** à nouveau.

Les passants = Bystanders
Les pompiers = Firemen
La femme bouge (bouger) = The woman moves (to move)

Les pompiers l'installent sur **un brancard**. Un brancard, c'est un lit avec des roues. Il permet de déplacer des personnes blessées. Ensuite, la femme est placée dans l'ambulance. **Les gyrophares** s'allument. La sirène retentit. L'ambulance **part à toute vitesse.**

Un brancard = A stretcher
Les gyrophares = Flashing lights
Part à toute vitesse =Goes at full speed

Chapitre 3 :

J'arrive au bureau pour commencer **ma journée** de travail. En ce moment, j'ai beaucoup de travail. Nous sommes en **janvier**. C'est le début de l'année. Les fêtes de fin d'année sont passées. Alors il y a beaucoup de choses à **rattraper**.

Ma journée = My day
Janvier = January
Rattraper = To catch up

Lorsque je rentre chez moi le soir, je suis fatiguée. Max, mon fiancé, est rentré plus tôt ce soir. Il nous a déjà préparé **le dîner**. On s'installe tout de suite à table. Je lui raconte ma **difficile** journée de travail. Je parle de l'événement qui s'est produit ce matin. Ça m'a **chamboulée**.

Le dîner = Dinner
Difficile = Difficult
Chamboulée = Disrupted

Max me demande si je suis **heureuse** au travail. Je lui dis que non. Il a remarqué que ça n'allait pas **ces derniers temps**. Il me demande aussi si je préfèrerais faire autre chose. Je lui réponds :

- "Je n'ai jamais oublié **mon rêve** de petite fille. J'aimerais tant pouvoir aider les autres. J'aurais toujours voulu être pompier."

Heureuse = Happy
Ces derniers temps = Lately
Mon rêve = My dream

Mon fiancé n'est pas surpris. Il m'encourage même à **poursuivre** mon rêve. Mais devenir pompier, c'est difficile. Il faut passer par un **concours**. Il y a des **épreuves physiques** et théoriques. Seuls les meilleurs sont sélectionnés. Je pense que je n'ai aucune chance.

Poursuivre = To pursue
Concours = Competition
Épreuves physiques = Physical tests

Mais Max me dit qu'il est prêt à m'aider. Il est coach sportif. Il me promet de me préparer **physiquement**. Je décide d'attendre quelques jours pour prendre **ma décision**. Quitter **un emploi** n'est pas anodin. J'ai peur de ne pas réussir. J'espère que la nuit va me porter conseil.

Physiquement = Physically
Ma décision = My decision
Un emploi = A job

Chapitre 4 :

Un mois est passé. J'ai beaucoup réfléchi. C'est décidé, je passe le concours pour **devenir** pompier. Je crois que c'est le moment ou jamais. Je n'ai pas d'enfants, mon fiancé se propose de m'aider. Toutes les conditions sont réunies. Il faut se lancer pour ne jamais **regretter**.

Devenir = To become
Regretter = To regret

J'ai annoncé **la nouvelle** à mes collègues et à ma famille. Personne ne croit en moi. Certains disent que ce n'est pas un métier pour une femme. Je pensais que la société avait évolué. Pas vraiment, visiblement. Je vais leur prouver qu'**ils ont tort**. Ça me motive d'autant plus.

La nouvelle = The news
Ils ont tort = They are wrong

Le concours a lieu **dans trois mois**. J'ai donc trois mois pour réviser et me préparer physiquement. Je dois tout connaître du métier. En France, les pompiers éteignent les feux. Mais pas seulement. Ils font aussi du **secourisme**. Il y a donc beaucoup de choses à **apprendre**.

Dans trois mois = In three months
Secourisme = First Aid
Apprendre = To learn

Depuis plusieurs semaines, Max m'aide à m'entraîner en sport. Mes **performances** sont plutôt bonnes. Je pense que je serai prête le jour du concours. Mais rien n'est gagné. En tout cas, mon fiancé croit en moi. Ça me donne de **la force** et du courage.

Performances = Performance
La force = Strength

Le jour du concours est arrivé. J'enchaine les épreuves. Il y un quizz théorique. Ensuite, il y a les épreuves sportives. Il y a beaucoup de **candidats**. **La concurrence est rude**.

Candidats = Candidates
La concurrence est rude = The competition is tough

En fin de journée, les résultats sont annoncés. Ça y est. **J'ai réussi** mon concours ! J'ai fait taire tous ceux qui doutaient de moi. Je vais enfin pouvoir prendre **un nouveau départ**. Mon rêve de petite fille se réalise enfin.

J'ai réussi = I have succeeded
Un nouveau départ = A new start

Histoire 9 : La vie est un conte de Noël

Chapitre 1 :

Laurent est un homme de 45 ans. **Il vit à Paris**. Son appartement est situé **en plein cœur de la capitale**. Depuis son balcon, il a une vue imprenable sur la Tour Eiffel. Cet appartement vaut cher. Il paye une fortune pour **son loyer**. Mais Laurent peut se le permettre. Il a les moyens.

Il vit à Paris = He lives in Paris
En plein cœur de la capitale = In the heart of the capital
Son loyer = His rent

Laurent est **banquier**. Il travaille pour l'une des plus célèbres banques parisiennes. Il a obtenu un poste à responsabilités il y a dix ans. **Il dirige** désormais une équipe de quinze personnes. C'est un homme très occupé. Il **consacre** tout son temps à son travail. Ça lui plait. Il aime beaucoup son travail.

Banquier = Banker
Il dirige = He leads
Il consacre (consacrer) = He devotes (to devote)

Laurent a deux enfants, Justine et Léo. Sa fille a 14 ans et **son fils** a 8 ans. Malheureusement, Laurent ne voit plus ses enfants. Il est séparé de la mère de Justine et Léo **depuis sept ans**. Léo était encore un bébé lorsqu'ils ont divorcé. Laurent ne l'a jamais vu **grandir**. C'est son plus grand regret.

Son fils = His son
Depuis sept ans = For seven years
Grandir = To grow up

Si **le couple a divorcé**, c'est sûrement à cause du travail de Laurent. Son activité professionnelle prenait tout son temps. Il n'était pas assez présent à la maison. Il ne s'occupait pas beaucoup de ses enfants. Le couple s'est disputé pendant des mois. **Finalement**, ils ont décidé de se séparer. Son ex femme est partie vivre en Corse avec les enfants.

Le couple a divorcé = The couple divorced
Finalement = Finally

Depuis, Laurent vit seul dans son appartement. Il n'y est pas **souvent** car il travaille beaucoup. Il est même déjà arrivé qu'il dorme au bureau. Pour **cette raison**, **son logement** semble presque inhabité. Pourtant, c'est un très bel appartement.

Souvent = Often
Cette raison = This reason
Son logement = His home

Chapitre 2 :

Laurent se rend au travail **très tôt** le matin. Il ne prend pas les transports en commun. Il ne monte ni dans le bus, ni **dans le métro**. Il est suffisamment riche pour se déplacer en taxi. Il commande toujours le taxi avec son application pour smartphone. Bien sûr, il réserve une berline **haut de gamme**.

Très tôt = Very early
Dans le métro = In the subway
Haut de gamme = High end

Nous sommes le 23 décembre. **Les décorations** de Noël illuminent la ville. Il fait encore nuit quand Laurent se rend au travail le matin. Alors il observe **les illuminations** de Noël par la fenêtre du taxi. Laurent déteste ça. Il n'aime pas **les fêtes de fin d'année**. Il ne comprend pas ce qu'est la magie de Noël.

Les décorations = Decorations
Les illuminations = Illuminations
Les fêtes de fin d'année = The end of the year celebrations

Le taxi arrive devant l'**immeuble** dans lequel se trouve son bureau. Son bureau se situe au dernier étage. Il doit prendre l'ascenseur. L'**ascenseur** se trouve dans le hall d'entrée du bâtiment. Laurent appuie sur le bouton pour appeler l'ascenseur. Au même moment, **un sans-abri** lui demande une petite pièce pour manger.

L'immeuble = The building
Ascenseur = Elevator
Un sans-abri = A homeless person

Méprisant envers les personnes pauvres, Laurent refuse. Il n'a du respect que pour les plus riches. Alors il se précipite dans l'ascenseur pour **rejoindre** son bureau. Arrivé au dernier étage, il ne croise que la femme de ménage. Il ne la salue pas. Tous ses collègues sont en **vacances** pour les fêtes de fin d'année.

Méprisant = Contemptuous
Rejoindre = To join
Vacances = Vacation

Laurent ne fête pas **Noël**. Pour lui, cette fête n'a aucun sens. Alors comme tous les ans, il travaille durant les fêtes de fin d'année. Il préfère prendre des vacances plus tard. En général, **il part au ski** en février avec des amis.

Noël = Christmas
Il part au ski = He's going skiing

Chapitre 3 :

Jeudi 24 décembre. Ce soir, la plupart des gens fêtent Noël. Laurent ne fait pas partie de ces gens-là. Comme **tous les jeudis**, Laurent se rend au travail. Comme tous les jeudis, il prend le taxi. **Il critique** les illuminations de Noël, méprise le sans-abri et monte dans son bureau. Il n'y a toujours personne.

Tous les jeudis = Every Thursday
Il critique (critiquer) = He criticizes (to criticize)

Mais aujourd'hui, tout est **différent**. À midi, son téléphone se met à sonner. Laurent attend quelques instants avant de **décrocher**. Lorsqu'il répond au téléphone, il entend une voix d'enfant :

- "Bonjour papa. C'est Justine, ta fille. **Nous fêtons** Noël à Paris cette année. Maman nous a dit que nous pourrions en profiter pour te voir. Ça fait si longtemps. Léo aussi, aimerait te voir.", dit Justine.

Différent = Different
Décrocher = To pick up
Nous fêtons (fêter) = We celebrate (to celebrate)

Laurent n'en revient pas. D'abord, il pense que c'est **une blague.** Mais il comprend rapidement que c'est la réalité. Ses enfants sont actuellement à Paris. Soudain, **Laurent culpabilise**. Il n'a jamais cherché à les voir pendant toutes ces années. Pour se rattraper, il accepte de passer Noël avec ses enfants ce soir.

Une blague = A joke
Laurent culpabilise = Laurent feels guilty

Le problème, c'est que Laurent n'a rien préparé. Il ne pensait pas fêter Noël cette année. Il n'a rien prévu pour le dîner. Il n'y a pas de **sapin de Noël** dans son appartement. Alors il se précipite pour quitter son bureau. Il veut acheter ce qu'il lui manque pour **accueillir** ses enfants.

Sapin de Noël = Christmas Tree
Accueillir = To welcome

Il est déjà tard. La plupart **des magasins** sont fermés. Laurent parvient tout de même à trouver à manger. Pour le dîner, il a acheté **une dinde chez le boucher**. Le magasin de décoration est sur le point de fermer ses portes. Il a juste le temps d'acheter **quelques guirlandes**. Mais les vendeurs de sapins ont déjà fermé boutique.

Des magasins = Stores
Une dinde chez le boucher = A turkey at the butcher
Quelques guirlandes = Some garlands

Chapitre 4 :

Il est 18 heures. Laurent rentre chez lui. Ses enfants arrivent dans une heure. Rien n'est prêt. Il se rend compte qu'il n'a pas de sapin. Il n'a pas non plus trouvé de **cadeau** pour ses enfants. **C'est la panique**. Après des années sans voir ses enfants, il n'est même pas capable de les accueillir.

Cadeau = Gift
C'est la panique = It's panic

Laurent se débrouille alors et **fait au mieux**. Il va ramasser quelques branches dans le parc. Il décore ces **branches** avec les guirlandes qu'il vient d'acheter. Ça fera l'affaire. Il n'a malheureusement pas le temps de régler le problème des cadeaux. Il doit vite mettre la dinde **au four** pour le dîner.

Fait au mieux = Done as well as possible
Branches = Branches
Au four = In the oven

"Driiiiing". Justine et Léo sonnent à la porte. Justine **saute dans les bras** de son père. Tous les deux sont très émus de se retrouver. Léo ne dit rien. Il a l'air **intimidé**. C'est normal. Léo ne se souvient probablement pas de son père. Il était trop petit lorsque ses parents se sont séparés.

Saute dans les bras = Jumping into the arms
Intimidé = Intimidated

Les enfants se détendent au fil de la soirée. Même Léo commence à être à l'aise. Laurent parle beaucoup avec eux. Il veut rattraper le temps perdu. Il leur explique les raisons de **la séparation** avec leur mère. Il s'excuse des centaines de fois. Il promet que désormais, il sera présent pour ses enfants.

Les enfants se détendent = Children relax
La séparation = The separation

Après avoir mangé **le dessert**, c'est l'heure d'ouvrir les cadeaux. Malheureusement, Laurent n'a rien à offrir à ses enfants. **Il a honte** mais il avoue tout à ses enfants. Justine et Léo le prennent dans leurs bras. Justine dit à son père :

- "Nous n'avons pas besoin de cadeau, papa. Notre plus beau cadeau, c'est de voir notre famille enfin réunie."

Le dessert = The dessert
Il a honte = He is ashamed

Histoire 10 : Le grand déménagement

Chapitre 1 :

Tino et Rita sont **un couple de retraités**. Ils sont **allemands**. Ils vivent à Berlin depuis toujours. Leur maison se situe en périphérie de la ville. Ils auraient toujours voulu vivre au centre de la ville. Mais l'école de leurs enfants se trouvait à proximité de la maison. À pied, il suffisait de deux minutes pour **rejoindre** l'école. C'était pratique.

Un couple de retraités = A retired couple
Allemands = Germans
Rejoindre = To join

Tino et Rita ont deux enfants. Leur fils vit à Berlin dans un bel appartement. Il est marié et a lui-même un enfant de 3 ans. Leur fille s'appelle Sofia. Elle a 35 ans. Elle est **expatriée** à Paris depuis une dizaine d'années. Sofia vit avec Tom, **son compagnon**. Tom est français.

Expatriée = Expatriate
Son compagnon = Her companion

Sofia ne voit pas souvent ses parents. **Ils habitent** dans un autre pays. Tom et Sofia n'ont pas beaucoup de congés. Alors ils ne voient Tino et Rita qu'une fois par an. Il y a **quelques semaines**, Sofia a annoncé un heureux événement à ses parents. Elle est enceinte. Elle attend **son premier enfant**. C'est une fille.

Ils habitent = They live
Quelques semaines = A few weeks
Son premier enfant = Her first child

Lorsque Rita et Tino ont appris la nouvelle, **ils étaient ravis**. Ils sont contents de devenir grands-parents une nouvelle fois. Ils aiment beaucoup s'occuper de leurs petits-enfants. En plus, ils n'habitent pas loin. Ils vivent à vingt minutes de la maison seulement.

Ils étaient ravis = They were delighted

Chapitre 2 :

En revanche, tout est différent avec Sofia. Elle vit à **plusieurs centaines de kilomètres** de Berlin. Tino et Rita craignent de ne pas voir leur petite-fille. En attendant, ils veulent fêter la bonne nouvelle avec leur fille. Ils décident de passer un week-end chez elle, à Paris.

Plusieurs centaines de kilomètres = Several hundred kilometers

Après presque deux heures de vol, Tino et Rita arrivent à Paris. Leur fille les attend **à l'aéroport**. L'aéroport de Paris est très grand. C'est un labyrinthe quand on ne connaît pas les lieux. D'abord, ils doivent **récupérer leurs bagages**. Ensuite, ils prennent le chemin de la sortie.

À l'aéroport = At the airport
Récupérer leurs bagages = To collect their luggage

Au loin, ils aperçoivent Sofia et Tom. Leur fille a **le ventre tout rond**. C'est la première fois qu'ils la voient depuis qu'elle est enceinte. Rita est très émue. Ça lui rappelle des **souvenirs**. Tino félicite sa fille. Il a hâte de rencontrer sa future petite-fille. Sofia doit **accoucher** dans quelques semaines.

Le ventre tout rond = The round belly
Souvenirs = Memories
Accoucher = To give birth

Les deux couples vont vers l'appartement de Sofia et Tom. Ils vivent en plein cœur de Paris. Leur logement se trouve dans **le quartier** de Montmartre. Ils ont une belle vue sur le Sacré-Cœur, **un célèbre monument parisien**. Tino et Rita ne sont venus que deux fois à Paris. D'habitude, c'est leur fille qui les rejoint à Berlin.

Le quartier = The neighborhood
Un célèbre monument = A famous monument

Chapitre 3 :

Ce week-end, ils ont prévu de **visiter** Paris. Tino et Rita veulent profiter de leur fille **au maximum**. Ils souhaitent passer du temps ensemble avant la naissance du bébé. Ils veulent aussi connaître la ville dans laquelle grandira cet enfant. Tom et Sofia leur présentent **leurs lieux préférés**.

Visiter = To visit
Au maximum = At most
Leurs lieux préférés = Their favorite places

La Tour Eiffel est **le monument phare de la ville**. Tino et Rita ont surtout aimé voir l'Arc de Triomphe. Ils ont aussi apprécié la visite du Louvre. Mais ils trouvent qu'il y avait trop de **touristes**. Ils n'ont pu voir qu'**un célèbre tableau**, la Joconde de Léonard de Vinci.

Le monument phare de la ville = The flagship monument of the city
Touristes = Tourists
Un célèbre tableau = A famous painting

Le week-end à Paris s'achève pour Tino et Rita. **Leur avion décolle** dans deux heures. Ils sont déjà à l'aéroport. En attendant l'embarquement, ils se remémorent les temps forts de ce séjour. **Ils ont adoré Paris**. Ils trouvent la ville belle et chaleureuse. Ils sont tristes de **rentrer** à Berlin.

Leur avion décolle = Their plane takes off
Ils ont adoré Paris = They loved Paris
Rentrer = To go home

Ils voudraient rester auprès de leur fille. Ils aimeraient être là après la naissance du bébé. Rita rêve de s'occuper de sa petite-fille. Tino veut absolument le voir grandir. Mais il n'y a qu'une solution pour que tout cela se produise : venir vivre à Paris.

Ils voudraient rester = They would like to stay

Chapitre 4 :

Le vol s'est bien passé. Rita et Tino ont eu le temps de **discuter** de leur nouveau projet. Ils sont bien décidés. Ils veulent vivre à Paris. Ils aimeraient tellement être présents pour le futur bébé. Ils ont déjà eu le temps de profiter de leurs trois premiers petits-enfants. Alors ils ne veulent pas **rater** ces précieux moments.

Discuter = To discuss
Rater = To miss

À peine rentrés à la maison, Rita s'empresse d'annoncer la nouvelle à sa fille. Sofia est ravie. Sa mère pourra **garder** le bébé quand elle recommencera à travailler. Tom est content aussi. Il s'entend bien avec les parents de sa compagne. Cette nouvelle fait **le bonheur** de tous.

Garder = To keep
Le bonheur = Happiness

Tino et Rita veulent déménager au plus vite. Ils aimeraient être à Paris avant **la naissance du bébé**. Mais il n'est pas facile de trouver un logement dans la capitale. **Les recherches** sont difficiles. Le temps presse. Sofia va accoucher dans quelques jours. Il reste une annonce sur internet. Tino envoie un email. C'est **leur dernière chance**.

La naissance du bébé = The birth of the baby
Les recherches = The search
Leur dernière chance = Their last chance

Le 21 juillet, Sofia accouche d'une petite fille. Quelques minutes plus tard, elle veut l'**annoncer** à ses parents. Elle prend son téléphone en main. Au même moment, le téléphone se met à sonner. Elle décroche. C'est **son père**.

- "Ma fille, nous avons une bonne nouvelle ! Nous avons trouvé un appartement à Paris. Il est tout proche de chez vous. Nous allons déménager au plus vite.", dit Tino.
- "Super ! Moi aussi, j'ai une bonne nouvelle, papa. Notre fille vient de voir le jour. Elle s'appelle Victoire. C'est un signe !" **répond Sofia.**

Annoncer = To announce
Son père = Her father
Répond Sofia = Reply Sofia

Congratulations

Congratulations, you made it ! If I congratulate you, it's because many people pick up a book, but few go all the way through. In fact, according to my statistics, only 10% of readers read a book all the way through ! So if you've made it this far, you're part of a small, motivated elite.

You now have the basics of French. Your brain has integrated sentence structures, new vocabulary words and grammar rules. And if you continue your efforts by listening or reading French content, you will quickly improve.

You've just completed the first step of your journey, it will take a lot of hard work, but you're a motivated person so you'll get there. Learning a language takes time, but it doesn't have to be a boring task.

Indeed, learning French should be a pleasure for you ! Don't force yourself. Watch and read what you enjoy. If you like Netflix series ? Well, fine, you can put the voices and subtitles in French. Maybe you won't understand much at first, but your brain will quickly associate the words with the characters' gestures. And you will see that, little by little, you will recognize words and then sentences, that's how you learn French !

You will see that, in just a few months, if you are regular, you will surely have enough vocabulary to go to France and speak with locals. And don't worry, even if you think your accent is not perfect, the French love English speakers.

Now, I'd like to ask you a small favor if you don't mind. If you liked this book, then I invite you to leave a little review on Amazon. In 60 seconds it's done and I would be really happy to find out what you thought of this book. I put a lot of effort, time and sweat (*and many cups of coffee*) in this guide. So your opinion would be very valuable to me, and I will be very happy to read what you say.

Also, by giving your review, this book will be featured on Amazon and more people like you will have the chance to read it. It's a small action for you, but this small act can improve lives... and bring me closer to **my goal of helping 100'000 people discover French culture and language**. So I really count on you, your opinion is important and I thank you in advance.

Continue to improve

To progress in French, you must maximize the amount of input you receive, so you must consume as much French content as possible. This is exactly what babies do when they learn a language. They don't look for the best way to learn to speak, babies just watch their parents and will gradually understand the words and then the sentences.

So I recommend you to watch Youtube videos or French series. You will probably not understand many words or sentences... and the beginning will be really complicated. But as time goes by, your brain will link words to actions. I'll give you a concrete example : if every time a person says the word "Boire" before taking a drink, your brain will quickly understand that the word "Boire" means "Drink".

And this starts a virtuous circle ! Indeed, as you understand more of the inputs, you will be able to give more context to the other words you don't understand. And from that moment on, your level in French will increase exponentially. So yes, the hardest part is the beginning ! And it is during this period that you must not give up, and for that, I count on you.

If I can give you a piece of advice, it is not to force yourself to learn the language, just try to be regular and practice French every day. Even if you only do 5 minutes a day, it's already much better than nothing. So take your time, learning French. Remember this is a marathon, not a sprint.

Je vous souhaite tout le bonheur du monde.

Raphaël Pesquet - *The French Guy*

~~$97.00~~ FREE BONUSES

GRAB YOUR FREE BONUSES NOW

- 7 French Short Stories You'll Want to Read
- 14 Common Mistakes In French Made By Beginners
- 21 Daily French Conversations to Learn French
- BONUS : Your Step-By-Step French Study Plan

Scan the QR code to claim your **free** bonus
Or
masterfrenchnow.com/freebonus

Printed in Great Britain
by Amazon

19911356R00086